AI時代を生きる子どもたちの資質・能力

新学習指導要領に対応

赤堀侃司［著］

Jam House

はじめに

人工知能（ＡＩ）やビッグデータと呼ばれる革新的な技術が、社会構造そのものを変えることから、子どもたちが将来に就く職業は、大幅に変わると報道されています。確かに、このような劇的な変化がやってくる予感はあって、既に新しい技術が実用化されている分野もあります。未来を担うのは、今の子どもたちですから、その教育をどうすべきかについては、国の重要課題なので、日本でも、文部科学省や経済産業省など、いくつかの提言がされています。

現実の学校は、学習指導要領に基づいて教育を営むので、その理念・方針・内容・方法を理解する必要がありますが、2017年告示された新学習指導要領が、その元になります。その中でも、未来を生きる子どもたちに期待されるのは、資質・能力です。暗記した知識と異なり、資質・能力は、忘れることも、無くなることも、ありません。この資質・能力をどう育成すべきかについては、未来の社会、それをＡＩ時代と呼べば、その社会と時代に求められる力なのです。

様々な議論と課題があると思いますが、本書では、新学習指導要領の理念を生かしながら、いくつかの教育実践、そこには海外の学校の事例も含みますが、調査結果、研究文献などを紹介しながら、子どもたちに求められる資質・能力を考察しました。これを、10章に分類して、書き下ろしました。第1章は、現在の学校教育の問題点ですが、この問題を出発点として、現状の学校教育の姿と連動しながら、どのような資質・能力を身に付けるか、そのためには、何をどのように変えればよいのか、について、述べています。最後の第10章は、第1章から第9章までの総括的な内容で、本書のまとめに相当します。

私の専門は、教育工学なので、主にコンピュータなどのICTとの関連で、教育を考察する方法論ですが、AI時代に求められる教育の姿も、同じ研究線上にあると思っています。教育工学は、社会の変化に応じた教育の姿を追及しますが、いつの時代も、新しい技術は、教育に要求をしてきます。それは、テクノロジー・プッシュと呼ばれますが、どのように共存するか、どのような力がそれに対応できるかは、研究課題なのです。特に、AIという技術や研究分野は、単なる道具と違って、学習する機械なので、教育という立場からは、多方面からのアプローチ、例えば、情報工学、心理学、社会学、経済学、倫理学などが、必要になるでしょう。本書が、その一端を担うことができれば、大変に光栄です。多くの皆様に御覧いただければ、幸いです。

最後になりますが、本書の刊行を引き受けていただいた（株）ジャムハウスの池田利夫さんに、厚くお礼申し上げます。

2019年1月　著者　赤堀侃司

目次

はじめに……2

第1章 学校の知識が社会につながらない……9

電気コンセントの問題……10
ろうそく問題……14
3つ折り問題……15
子育て支援について考える……17
ダイオキシンの実験……22
スリッパの音……23
毛染めの研究……25
まとめ……27

第2章 探求の仕方を学ぶ……31

ケアンズの小学校……32
STEM 教育……34
EdTech の展示会……37
総合的な学習の時間……41
教科書と価値観……45
まとめ……49

第3章 道具の使い方を身に付ける……53
情報機器の使い方……54
統計と数学……57
コンピュータという道具……61
学習指導要領……66
ネットワークによるコンピュータ利用……69
まとめ……73

第4章 AIと付き合う……77
データを扱う……78
お医者さんモデル……82
チューリングテスト……85
機械が学習するとは……89
まとめ……93

第5章 プログラミング的思考を身に付ける……97
音楽の授業……98
自由と難しさ……102
忘れ物をしないために……106
プログラミング教育における論理的思考とは……109
まとめ……114

第6章 学習形態を変える……119
スクールサポートの活動……120
サービス・ラーニングとは……125
新学習指導要領では……130
小学校の授業に学ぶ……133
まとめ……136

第7章 知識を構造化する……141

先天性心臓病の診断……142
知識構造の見える化……145
オーストラリアの小学校……147
ねらいと振り返り……151
まとめ……155

第8章 教科等の見方・考え方を身に付ける……161

電気の問題……162
流れる水の働き……166
スーパーマーケットのサービス……169
伝統や文化の活動……170
学級経営の在り方……173
教師の見方・考え方……175
まとめ……179

第9章 学びに向かう力を身に付ける……183

NHKスペシャル人類誕生……184
コミュニケーションの仕方……187
5分間動画の視聴……195
プログラミングで知ること……199
まとめ……202

第10章 学校と社会をつなげる……205

学校と社会の違い……206
社会に開かれた教育課程……212
社会の変化と学習方法……218
AI時代を生きる子どもたちの資質・能力……221

第1章 学校の知識が社会につながらない

学校で勉強したことは、本当に社会に出て役立つのだろうか、そんな疑問を誰でも持ったことがあると思います。ＡＩ時代には、解決したい課題の一つです。

電気コンセントの問題

はじめに、図1をご覧ください。どの家庭にもある電気コンセントの写真ですが、ここに問題が書いてあります。「タコ足は、なぜ危険か、考えましょう」という問いですが、この問題は、2007年4月に実施された高校生全国学力テストの問題です。実は、この問題の正解率がきわめて低く、新聞紙上に問題例が掲載されていたので、私はよく覚えていました。これは、記述式問題ではなく、4選択肢問題です。したがって、でたらめに回答しても、25％の正解率が得られますが、正解率は35％でした。

読者の皆さんも、何故だろうと思われるかもしれませんが、その選択肢は、簡単に言えば、この配線は、直列接続か並列接続かと問う問題でした。正解は、並列接続ですが、多くの生徒、つまり65％の生徒は、直列接続だと思っていたという結果でした。

確かに、この図1を見ると、なんとなくコンセントが直線的、つまり直列に並んでいるように見えます。そこから、直列接続と答えたのではないかと思われます。しかし、正解は並列接続です。それは、小学校の理科の授業でも習っています。並列の場合は、各電化製品に流れる電気の総和が流れるため、タコ足は危険なのですが、その前提として、学校で習った並列と、家庭におけるコンセントの並列が、つながっていないのです。

その代表的な電気回路図を、図2に示します。理科が苦手な読者でも、図2を見ると、すぐに思い

図1

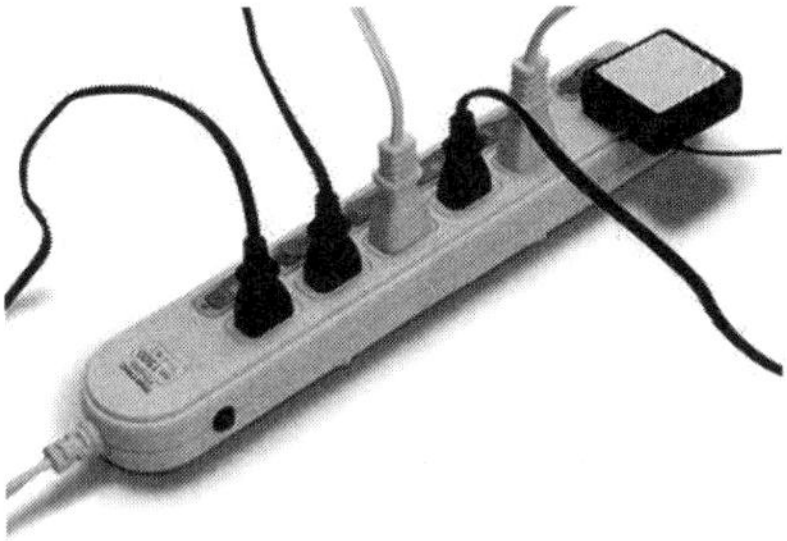

タコ足は、なぜ危険か、考えましょう

出すでしょう。なぜなら、学校で習った記憶がよみがえるからです。確かにこのような図があって、豆電球と乾電池を使って勉強したな、という記憶が頭の中に浮かんでくると思います。図2で、斜めに小さな線を書きましたが、これは、スイッチのつもりです。そこで、思い出してみましょう。直列では、一つでもスイッチがOffになると、すべての豆電球は光りません。それは当たり前であって、図2を見ればすぐにわかることで、何も解説する必要はないでしょう。並列ではどうでしょうか。一つのスイッチをOffにしても、もう一つの豆電球は、光ります。図2を見れば、通り道が違うので当然だと、すぐにわかります。

図1で、もし電気コンセントが直列だったら、どうでしょうか。洗濯機、パソコン、テレビなど、一つでもスイッチを切ると、すべての電化製品が切れ

図2

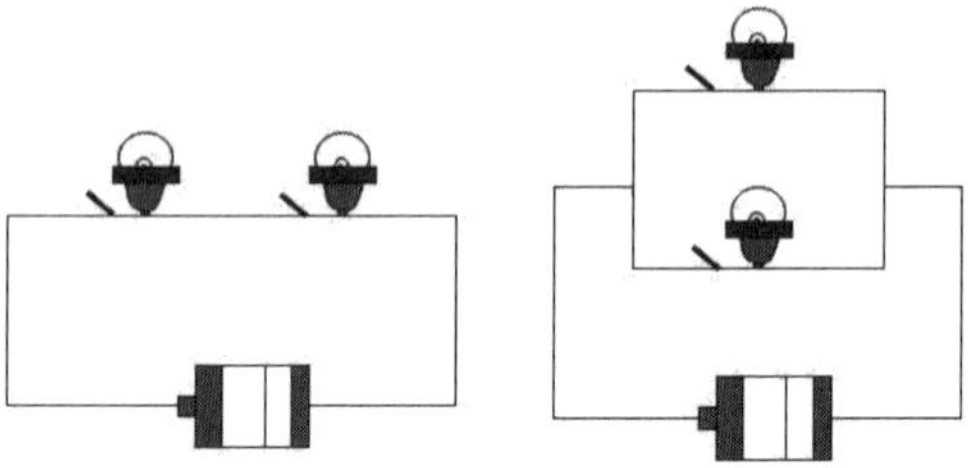

直列　　並列

るなどということはあり得ないことは、誰でもわかります。そこが、問題なのです。つまり、図1は、日常生活での電気回路、図2は、学校で習う電気回路で、この両者がつながっていないことになっているのです。それが、学校で習う知識が、社会や生活上の知識につながっていない、別々の知識になっているという問題なのです。

実は、このような例は枚挙にいとまがないほど、多くあります。私たちも、学校での勉強は学校でのこと、世の中や社会に出れば、別の能力が求められるのであって、社会に出るまでの間の準備期間が学校の勉強なのだという意識が、どこかにあるかもしれません。それが、つながっていても、つながっていなくても、生活上は関係ないと考えているのかもしれません。

ところが、このような意識が、頭を活性化しない方向に働いているようです。変な問題の研究があります。上野直樹（1989）や有元典文（1990）らは、本来はできない問題を小学生に解かせる調査を行いました。例えば、「4つのボールと8つのボールがあります。かけると、いくつになるでしょう」のような問題で、解けるはずのない問題ですが、小学生たちは、これを解こうとします。また、「2／5ｍの紐と、3／5ｍの紐をかけるといくらでしょう」の問題に対して、子どもたちは、答えが出るからおかしくない、と答えています。さらに、四捨五入の問題で、どのように四捨五入しますかという問いに、「それは先生がいつも決めてくれるので、それに従います。自分で決めると、あてにならないから」という答えが返ってきたと報告しています。子どもたちは、あまり意味を考えないで、この時は、こうする、この場合は、別の方法で、というように、使い分けているのかもしれません。これは、掛け算の問題、だから意味はあまり考えなくてよいので、2つの数字をかければよい、これは、電気の問題だが、家庭の電気の問題は、学校で習う電気の問題とは別だから、関係なく答えればよい、などと考えているのかもしれません。

つまり意味を考えないで、頭の中には、入れる箱があって、別々に格納されていて、つながっていないという状態が考えられるのです。これは、誰が考えてもおかしな状態になっているので、2017年告示の新学習指導要領では、生きて働く力にしなくてはならない、と明記しています。せっかく習った知識が、世の中に出て働かない知識であったとしたら、無駄な勉強をしてきたということになります。もし、このような状態で学校教育が実施されているとしたら、どこかで軌道を修正しなければなりません。どこをどう修正したらいいのか、いくつかの実践を見て考えてみます。ここでは、学校の知識が社会につながっていないようだという事実を知っておいてください。

図 3

下の絵は、同じロウソクが４本もえているようすをえがいたものです。ロウソクはそれぞれ大きさのちがうガラスのようきでおおわれています。どのロウソクのほのおが一番最後に消えるでしょうか。

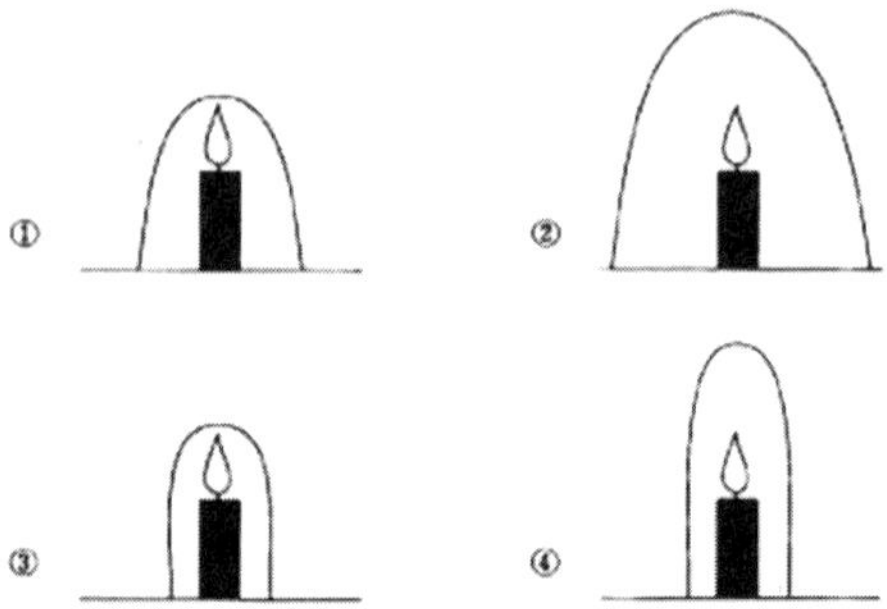

ろうそく問題

学力調査でもう一つの事例を紹介します。かなり古い、TIMSSの調査です。TIMSS2003なので、今から15年以上の国際学力調査ですが、参考になるので、引用します。

TIMSSとは、国際数学理科教育動向調査のことです。Iが国際、Mが数学、Sが理科を示すことは予想されると思います。そのTIMSS2003で、小学校と中学校の算数理科の調査を実施しました。日本はいつも成績が良く、小学校では算数理科共に、25参加国中3位でした。参加国中では常にトップグループにランクされています。ところが、上記のろうそくの問題では、22位だったのです。この問題の正解は、ろうそくを覆うガラスのふたが大きいほど空気が多いので、最も長く燃えるので②ですが、このような簡単な問題が、何故できなかったのでしょうか。いろいろ調査した結果、その答えは、学校で習っていなかったから、でした。

先の電気の問題に似ています。家庭の電気コンセントの問題は、学校とは違う問題だったから、できなかった、と同じです。原理や考え方は同じでも、その考え方は生きて働かなかったわけです。しかし学校で勉強した内容は、実によく身についているので、TIMSSの国際調査では、世界のトップクラスの成績を残しています。だから問題は、勉強しないのではなく、世の中の問題や別の問題には適用できない知識になっているのではないか、という疑問なのです。別の問題で考えてみましょう。

3つ折り問題

2017年ですから、つい最近の全国学力学習状況調査の問題です。小学校算数の四角形を三等分する点を見つける方法の問題です。問題の設定が面白く、手紙を封筒に入れて投函したいのですが、封筒が小さいので三等分して手紙を折ることにしました。その折り方の説明文が図4の左上です。この問題設定はよく考えられていて、現実の手紙の折り方も、三つ折りが多く、目分量で折っていますが、それを算数の考えを用いて考えようというものです。図4のように4本線のある場合は、2本目と3本目の線が手紙の端と交わる点が、折る点になります、という説明が書かれていて（ここでは、省略）、

図4

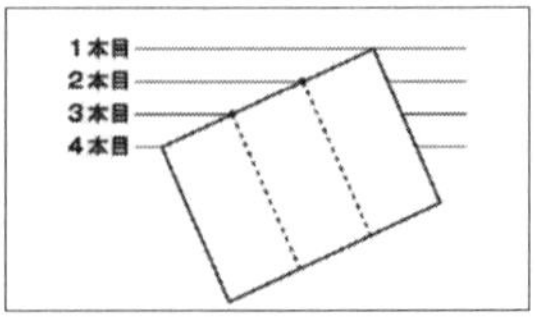

全国学力・学習状況調査
2017年（小学校）

［算数］
3等分する点を見つける方法

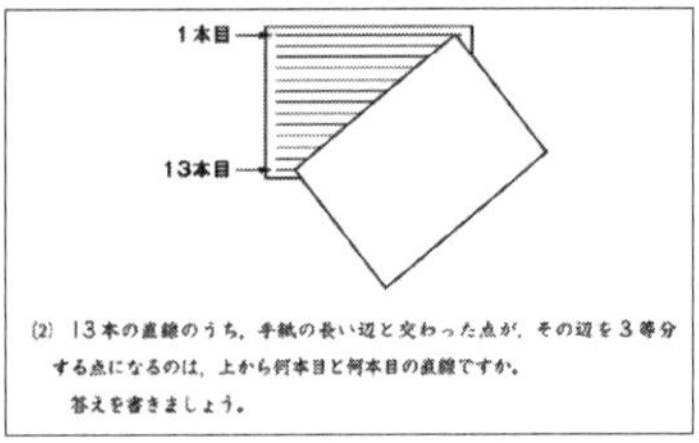

図4の右下の問題で何本目と何本目が、三等分する点ですか、という問題です。

この問題の正解率は、27.7%という極めて低い値でした。驚くほど低い値です。一方、複雑な計算をする小数の掛け算の問題は、97.7%という極めて高い値でした。これも、先のろうそく問題と同じように、三等分する方法は、学校の教科書では出てこない問題で、小数の掛け算は、複雑な計算をしなければなりませんが、きちんと学校で習った問題です。ここで誤解してはいけません。三等分するこの問題自身は教科書には出てきませんが、12本を三等分する、つまり3で割る、ということは、学校で習っています。簡単な割り算ですから、当然できる問題です。つまり、教科書と全く同じ問題、見たことのある問題、実際に計算したことのある問題は、それがかなり複雑であっても、ほとんどの子どもたちはできるが、いかに簡単であっても、教科書に出てこなかった問題、見たことがない問題は、ほとんどの子どもたちはできない、という事実なのです。

ろうそくの問題は2003年の調査で、3等分する問題は2017年の調査ですから、長い間同じような傾向にあり、少しも改善されていないことに、気が付きます。つまり、学校で習う問題はできて、習わない問題はできなくて仕方がない、という意識が働いているのかもしれません。ただ、このようなことでは、学校だけの知識になっているので、先に述べたように、生きて働く知識にする必要性を、学習指導要領では明記しているのです。しかし、肝心なことは、どうすれば、生きて働く知識になるか、です。どのような方法を用いれば、知識を変換できるようになるのか、という方法です。その具体的な方法が見つからないと、お題目になってしまいます。その方法については、現実的には、各学校の創意工夫に任されているのが、現状だと思います。その方法の事例を、以下に述べます。

子育て支援について考える

小中学校の事例がいいのですが、ここでは高等学校の事例を紹介します。さらに、私の専門が、教育工学や情報教育なので、ＩＣＴを活用することが多いかもしれませんが、ご了解ください。さて、紹介したいのは、埼玉県立鴻巣女子高校の須田敦子教諭の実践です。

図5

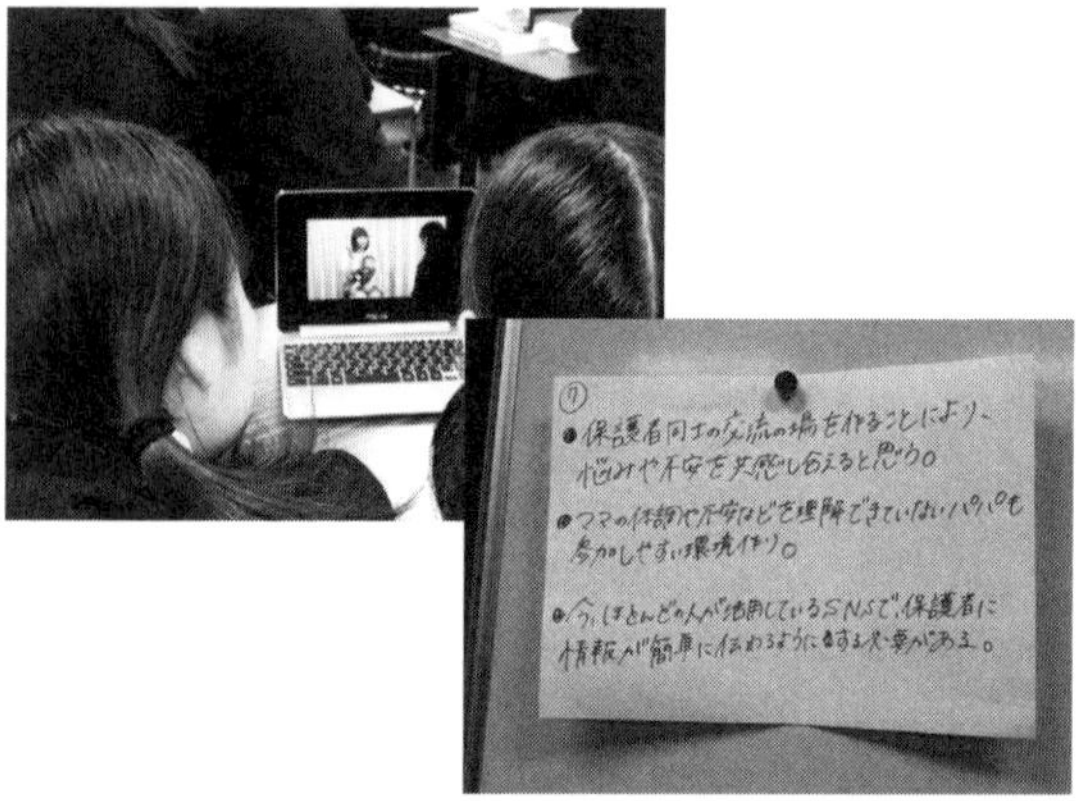

保育の授業です。赤ちゃんを育てるには、というテーマで、生徒たちにビデオを視聴させました。このビデオは、須田教諭が、この学校の卒業生で母親になった人にインタビューをしたビデオでした。その中で、母親は、「赤ちゃんが夜泣きする時、どうしていいかわからないことが多いのよ。側にいるパパを見ると、いびきをかいて寝ているので、腹が立つこともあったよ。始めの頃はわからなかったけど、最近少し赤ちゃんの訴えたいことが、わかるような気がする。教科書に書いてあることは、ほんの一部で実際は体験しないと、何も対応できないことが多いね。でも、近くに実家がある場合は、実家の母親に手伝ってもらえるから、うらやましい」などと、語っていました。5分くらいの短い映像でしたが、生徒たちが考えるには、ちょうど良い長さのようです。

そして、その後、子育てをしている保護者への支援についてグループで議論をして、その結果を白板に張り出しました。その一部が、図5です。そこには、いろいろなアイデアが書かれています。保護者の交流の場を持つ、SNSを利用するなど、現実的な改善案が書かれていました。先生に聞くと、どうしたらいいかという提案は、なかなか普段の授業では出てきません、と言われていましたが、たぶん皆さんも同感すると思います。高校生や大学生に、何か質問はありませんか、と聞いてもほとんど手は挙がりません。まして、何か提案はありませんか、と聞いても、ほとんどは黙ったままだと思います。グループで話すことは、アイデアを思いつきやすいこともありますが、ここではビデオの映像の効果が大きいと思います。生徒たちは、画面に吸い付けられるように視聴していました。そして、視聴しながら、そうだね、とか、大変だね、とか共鳴していましたが、それが、生徒たちの脳を刺激したのです。

学校の教科書では、このように書いているが、実際はもっと別のことがある、もっと複雑で簡単ではない、実家の母親の存在も大きいこと、父親としての協力も必要だということ、しかし、父親も仕事で疲れていて、食事の手伝いくらいはやってもらっても、赤ちゃんの子守りまでは無理かもしれない、食事がファーストフードになるのは仕方ないのかもしれない、そういえば、掃除ロボットなどもあると便利だね、食器洗い機も必要だし、このビデオの母親も言っていたけれど、いずれ職場に復帰したいが、勤務時間を気にしていたね、など、実際の映像を見ると、次々に問題に気づいていきました。

赤ちゃんを育てること、それは、赤ちゃんの健康だけでなく、夫婦の在り方、実家との関わり方、職場の勤務の仕方、電化製品の使い方、保護者会のような集まり、まで広がっていることに、生徒たちは気付いていったのです。これが、現実社会の姿であり、様々なあり方につながっていることを、生徒自らが発見していきました。教科書だけ見ていても読んでも、そのような広がりのある問題意識は生まれなかったと言えます。それは、脳が刺激されておらず、受け身で、そうなのか、と思うだけなのです。5分間という極めて短いビデオでしたが、そこでは、現実社会を映し出しています。生徒たちは、教科書という学校の世界から、外の世界・世の中の世界を見て、教科書に書かれていることは、現実社会の重要なポイントだけであって、他にもいろいろな要素があって、これらに対応しなければ、実際には難しいことに、意識が広がっていきます。

したがって、これからの指導では、学校の知識を、社会の出来事にも結び付けて、もっと広い視点で、子どもたちに考えさせ、気付かせることが必要だとわかります。それは、このような視点で考えなさい、と言うのではなく、子どもたち自身が気付くことに意味があります。気付くことは、質問されて、はい、こうですと、答えを言うことではなく、そうだ、こうではないか、と脳のある場所から浮かび上がってくるようなイメージです。それは、先に述べたように、脳が刺激されたからです。その刺激した元は、ビデオの中の母親のインタビューです。つまり現実社会、実際の場面、そのものが、脳を刺激したのです。だから、今まで思ってもいなかった、実家との関係や、電化製品のことなど、に注意が向いたのです。教科書では、保育だけしか書かれていませんが、実際には、赤ちゃんの健康などの保育の他にも、夫婦の協力という社会や倫理、電化製品という技術、ＳＮＳの活用という情報、職場を離れることの金銭的な計算ならば数学や情報や経済、などに広がっていきます。ビデオの中の母親がそのように語っているのではありません。５分間という短い時間では、多くは語れません。視聴する生徒たちが、気付いていくのです。そこに、現実世界の重みがあります。

思えば、世の中とは、生き物のように動いています。教科書は、ほとんど固定しています。次期の教科書改訂があるまで、大きな変更はありません。世の中は、時代と共に変化し、多様な形で関連づいています。保育は、先に述べたように、社会や技術、数学や倫理まで関連づいていることに、気が付きます。教科書には、そこまで記述することはありません。そこに、教科書と現実社会の違いがあるのです。先に述べたように、学校で習う電気の問題と、家庭における電気の問題は、子どもの頭の中では結びついていません。学校で習う電気の問題は、直列か並列か、その違いは何か、などであって、それが現実になると、スイッチを切ると、すべての電化製品が動かなくなる、など思いもよらないことなのです。まして、多くの電化製品を使うと、ヒューズが飛ぶなど、並列接続ならば当たり前の知識も、思いつかないことになっています。

並列接続なので、電源の元ではすべての電化製品に流れる電流の総和が流れるので、ヒューズという仕組みで、一度電気を止めて安全性を保つなどの効果に気付くには、現実社会という視点が必要です。そのような目で、理科の学習をすることも必要になってきます。実際には、学校の先生方は、時間がなくてとても無理という声が聞こえてきそうですが、先の保育のビデオのように、どこかで現実社会との橋渡しが必要です。ここでは課題としておきたいと思います。

ダイオキシンの実験

私は、これまでにいろいろな授業を参観させていただきましたが、これは興味深いと思える授業は、教師が教科書と現実社会を結びつけるような意識を持って、教材を工夫している授業が多いような気がします。もともと小学校は、生活科という教科のように、生活の中の題材を取り上げて、その仕組みなどを探求する授業が多いので、教科書と言っても、生活と離れて指導しているわけではありません。にもかかわらず、先のテストの正解率のように、生活の問題になると、途端に成績が下がるのです。ベテランの教師は、そこを暗黙的に知っているので、そこを意識して教材研究するようです。中学校や高等学校の教師は、教科担任なので、その工夫に面白さがあります。

香川大学付属高松中学校の理科の授業でした。20年位前ですが、当時、ゴミ焼却炉から高濃度のダイオキシンという有害物質が出て、野菜に付着して健康被害が問題になった時期です。しかし、誰もダイオキシンを見たこともないし、どんな化合物かも知らないのですが、理科教師は、生徒たちに、家庭から、ポリ袋、ビニールテープ、発砲スチロール、ストローを持ってこさせて、「これから燃焼実験をします。これらを燃やすと、その中に、ダイオキシンを発生する物質があります。皆さん、気を付けて実験をしましょう」と言いました。理科室が騒然となりましたが、生徒たちの顔は興味津々で、輝いていました。正解は、ビニールテープでしたが、その中に塩素が含まれていて、それが酸化されて有害物質になることを、化合物の模型で示したので、参観者の私も生徒たちも、はっきりと頭に残りました。強烈な印象だったのです。家庭にあるビニールテープ、今世の中でニュースになっているダイオキシン、化学実験、その原因が塩素にあること、などがすべて結びついたのです。理科実験室と日常生活や世の中が結びついたのです。

考えてみれば、化学も私たちの生活に深く関わっています。

スリッパの音

同じ高松中学校の音楽の授業も、今でも印象深く思い出します。始めに、スリッパの音を録音しておいて、生徒たちに聞かせるのです。実は、このスリッパの音は、職員室で録音したもので、すべて先生方のスリッパの音でした。そして、その音を聞かせると、生徒たちは、口々に、それはA先生だ、あのせっかちな音はA先生の性格そのものだ、それは、B先生だ、どたどた歩く音は、時間に厳しいので、その音を聞くとすぐに教室に戻ってくるから、などと、言い始めたのです。確かに、それは、私にも記憶があります。子どもの頃は、廊下から教室に来るスリッパの音を聞いて、誰かを知って、この先生ならゆっくりでいいとか、この先生は時間どおりだとか、騒いでいると叱られるとか、遠い記憶が呼び戻ってきます。だから、この発想は、素晴らしい。

誰でも耳に残っている音です。だから、誰もが授業に参加できます。その音は、単なる音ではありません。ゆっくりしていいのか、急ぐ必要があるのか、静かにしなくてはいけないのか、という、生徒にとっては、大きな関心事に結びついている音なのです。誰も音楽とは無関係だと思っていた、そのスリッパの音が、その音の特徴は、メロディ、テンポ、リズムなどの音楽の基礎と結びついていることを、学んだのです。スリッパの音は、確かにその持ち主である先生の性格や人柄も表していること、生徒たちは、その音からどうしようかと判断することから、音楽は作曲者の考えを表現し、聞き手は、そこから作曲者のメッセージを受け取り、なんらかの印象を受け、自分の好みや感情までも作用されることを、広く学んだのです。これが、通常の音楽だけ、技法だけ、解釈だけでは、このような広がりはなかったと思います。日常生活に結びついた音の持つ影響について、改めて学んだと言えます。この後、この授業は、授業の始まりと終わりのチャイム、給食の音楽、掃除の音楽などについて触れ、環境音楽について学び、さらにCMについて議論して、生徒たちによるCM作りまで活動が発展していきました。

このように、現実世界や日常生活と結びついている内容は、自分と離れた出来事ではなく、自分事として捉えることができるのです。誰でも、日常生活で経験していることは、そう、そう、あのことだね、と相槌を打つことができます。相槌を打つことができるのは、自分の脳に障害なく入ってきたからで、これまでの経験が呼び出されるからです。そうでない内容は、絵空事になって、脳のどこかに保存されても、呼び出せないような知識になってしまうのです。

毛染めの研究

毛染めの研究とは、インドの高校生の研究です。化粧品会社の研究や商品紹介ではありません。2018年8月、SSHの生徒研究発表会がありました。SSHとは、スーパーサイエンスハイスクールの頭文字を取った略称ですが、毎年8月に、SSH校の生徒による研究発表会が開かれます。2018年の開催地は神戸市でしたが、多くの優れた発表があり、近隣の高校生も参加するので、国際会議場では4000名以上の生徒たちが集まって、科学甲子園と呼ばれています。

私も、毎年参加して審査することを楽しみにしていますが、今年は、海外からの発表も聞いてみました。聞くと言っても、ポスター発表なので、会場に貼られたポスターの前で、高校生が発表し、私たちが質疑するというスタイルです。その中の一つに、インドのSt.Mary高校の発表がありました。それが、図6の毛染めの研究です。いろいろな毛染めを用意して、毛染めした毛を取ってきて、引っ

図 6

張り張力を測定したという比較的簡単な実験ですが、私が面白いと思ったのは、研究テーマの設定です。日本の高校生が、このテーマを選ぶことはないでしょう。高校生が毛染めすることは、校則で禁じられているからです。また、その毛を取ってくるのは、倫理的にもやりにくいでしょう。図6のように、簡単な測定器で引っ張り張力を測定して、何故差がでたのかを、化学成分などから考察していました。ここで述べたいことは、テーマの選択も、地域や文化や価値観と結びついていることです。科学という共通基盤はありますが、何をテーマにするのか、それは興味関心や、何を選べば価値があるかという価値観と密接に関連しているからです。

ＳＳＨ校の研究発表には、宝のような研究が盛り込まれています。その発表の審査の視点の一つに、高校生らしさがあります。つまり、自分たち自身で考えたのか、疑問を持ったのか、やってみようと意欲をもったのか、失敗を乗り越えたのか、という点を審査します。指導教師から与えられたテーマは、専門的で優れていて、いかにも研究らしい発表ですが、審査員の心に響かない、伝わってこない、感動が沸いてこない、などの問題があるのです。自分たちで考えたこと、それは、彼らの学校生活、日常生活で感じたことが反映されています。何かのきっかけで、そのテーマに興味を持った、やってみたいと思った、という動機が必ずあります。それが、研究のエンジンになります。それは、架空のことではなく、私たちが住んでいる世界と結びついているからです。その意味で、インドの高校生による毛染めの研究も、彼らにとっては意味あるテーマなのです。毛染めすること、ピアスをすることなどは、インド社会では、子どもでも当然のことなのでしょう。

まとめ

第1章では、学校の知識は社会につながっているか、という視点で述べました。現状では、学校の知識はなかなか社会とつながっていない、ばらばらに蓄えられているようで、これでは、その知識が生きて働かないことになります。いくつかの国際および国内の学力調査などを参考にして、その実態について指摘しました。さらに、これをどのように、社会とつなげるかについて、いくつかの実践を元に、述べました。実践は、社会や日常生活とつなげることで、より広い、より確かな知識になることを、示しています。2017年告示の新学習指導要領解説編では、次のように記されています。

「「何を学ぶか」という教育の内容を重視しつつ，児童がその内容を既得の知識及び技能と関連付けながら深く理解し，他の学習や生活の場面でも活用できる，生きて働く知識となることを含め，その内容を学ぶことで児童が「何ができるようになるか」を併せて重視する必要があり，児童に対してどのような資質・能力の育成を目指すのかを指導のねらいとして設定していくことがますます重要となる。」

ここに、生きて働く知識という用語が用いられていることに、注目してください。生きて働くとは、文字通り、その知識がダイナミックであり、他の知識とも関連し合って、柔軟に動いているようなイメージです。持っているだけ、蓄えているだけ、記憶しているだけでは、何も働きません。何も影響を与えません。その知識が使われてこそ、別の知識と協働して変容することで、価値を生み出します。しまいこんでいるのは、文字通り宝の持ち腐れです。以上を、まとめておきます。

① 現状では、学校で習った知識が、日常生活や社会の中で、働いていないことが実に多いことです。

その実際のデータについて、国内外の学力調査データを元に、指摘しました。家庭の電気コンセントの問題のように、子どもたちは、頭の中に、別々の箱にしまい込んでいるようにさえ、思われます。このことは、TIMSSの理科のろうそく問題のように、かなり古い時代から今日まで、ずっと指摘されてきています。

②現実社会や日常生活と関連付ける試みや実践は、いくつかの学校で見受けられます。

先生方のスリッパの音を聞かせて、音楽の要素について考えさせる実践、赤ちゃんを育てる母親のインタービュービデオの視聴を通して、保育を広く社会と結び付けて考察する実践など、興味深い試みがあります。これらの実践は、私の印象では、子どもたちの授業への参加度が高く、多くの議論がされていました。

③子どもたちが主体的に探究したり研究したりするテーマは、その子どもたちの生活の環境、地域や文化、つまり社会と関連して生み出されます。

インドの高校の毛染めの研究のように、主体的に関わっているテーマは、その地域や文化と無関係ではなく、その文化の持つ価値観が反映されています。

以上を考察すると、学習や知識は、本来が地域や環境と結びついているにも関わらず、それが切り離されている現状に対して、指導方法の工夫が求められます。そして、子どもたちには、学校で習う知識も、社会における経験も、それらが有機的につながって、生きて働く力になるように、学校でも家庭でも指導していく必要があります。

第2章 探求の仕方を学ぶ

これからのＡＩ時代には、問題解決能力が必要だ、と言われますが、そのような能力は、学校で身に付くのでしょうか、先進国では、どのように取り組んでいるのでしょうか。

ケアンズの小学校

オーストラリアのケアンズ市の Edge Hill 小学校を訪問したことがあります。2017 年という最近のことです。私たちは、科学研究費補助金という、有難い助成制度を利用して、研究を行うことが多いのです。申請書を書いて審査を受け、かなり高い競争率を突破して助成を受けるのですが、この制度のおかげで、私たちは、ケアンズ市の教育機関や学校を訪問できました。その時の写真が図1です。

左上は、子どもたちが学校菜園で、野菜を栽培しています。オーストラリアは自然が豊かで、大人も子どもも、自然に親しみ、自然の恵みを精一杯受けます。花の栽培もありますが、食料にできる野菜が多いようです。右上の写真は、おわかりでしょうか。ソーラーシステムを使って、太陽光で発電しているのです。ケアンズ市は、オーストラリアの北方地域、つまり赤道に近い海に面したリゾート地として知られていますが、太陽光がじりじりと肌を刺すような強烈な太陽エネルギーを受ける地域です。もちろん、日陰は涼しく過ごしやすいので、リゾートになっているのでしょう。右下の写真は、ゴミの廃棄場所で、堆肥として再利用しています。左下の写真は、学校の中のキッチンです。子どもたちが料理をしている光景です。これで、おわかりいただけると思いますが、この授業は、環境問題、広くは循環型社会の学習をさせるねらいの活動でした。

考えてみれば、野菜を栽培し、これを料理して、そのゴミを堆肥として利用し、料理するために、ソー

図1

ラーパネルを使って電気を使うことを考えれば、地球環境について考え、それらが無駄なく循環していて、人間は、そのような循環する社会を持続すべきだという持続可能な社会という概念を、実際の活動を通じて、得るというねらいが納得できます。

これを、先生方は、STEM教育と言っていました。STEMとは、Science（理科）のS、Mathematics（数学）のMはなんとなく推測できますが、TはTechnology（技術）で、EはEngineering（工学）の頭文字を取ったものです。STEM教育は、欧米では大変に盛んですが、日本ではあまりなじみがありません。しかし、将来の日本の教育課程は、STEMの方向に行くのではないかと、論じられています。例えば、Society5.0における人材育成（文部科学省、2018年）の提言や、「未来の教室」とEdTech研究会第1次提言（経済産業省、2018年）などで、STEM教育が明記されています。Art（芸術）のAを加えて、STEAMと言う場合もありますが、いずれにせよ、世界の教育動向は、この方向を向いています。

では、STEM教育とは何でしょうか。このことについて、次に簡単に述べます。

STEM教育

先のケアンズ市の小学校の循環システムの教育について考えてみましょう。野菜の栽培は、生物の知識が必要で、廃棄物が堆肥として利用できることを理解するには化学の知識が必要で、ソーラーパネルで発電する仕組みは、技術の知識が必要で、料理をするには、どのような食材を、どのような順序で料理すればいいのか、という計画と実行、つまり設計が必要で、それには広い意味で工学とかプログラミングの知識が必要です。このように考えると、現実社会で生活するには、理科だけ、数学だけ、技術だけという、単独の知識で対応することは難しく、これらが統合されて、可能だということになります。その意味で、頭文字を取って、STEM教育と言われているのです。

しかし、そこには、もっと本質的な意味が込められています。日本では、教科の学習を中心に教育課程が組まれています。教科の学習とは何でしょうか。教科には、その元になる学問があります。学問は、研究を通して構築された体系のことです。構築という言葉がわかりにくいかもしれませんが、文字通り構築なのです。鉄筋コンクリートのビルのように、頑健で少しぐらいの台風や地震ではびくともしない建造物になっています。何故かというと、研究をベースにして作られたものだからです。研究とは、どんなものでしょうか。白衣を着て実験室でフラスコやビーカーを振っている科学者をイメージするかもしれません。あるいは、机に向かって、難しい計算をしたり、コンピュータで処理したり、など様々なイメージがあると思います。しかし、その共通するところは、論理的だということです。実験したら、確かにこのような結果になった、計算したら、確かにこのような結果になった、という確かにそうだった、という事実に基づいて、建築物を組み立てていくのです。1＋1は2という基礎から積み上げられて、近代数学などの高度な数学の体系が組まれていきます。1＋1は2でなく3だという基礎から組み立てれば、別の体系が出来上がるか、体系ができないことになります。ある場合は2だが、ある場合は3だというような、つまり一貫していない体系では、もはや学問とは呼べません。一貫した論理性がないからです。学校数学は、親学問である数学を基礎とし、学校の理科は、親学問である物理や化学や生物などを基礎とし、社会科などは社会科学、国語などは言語学とか人間科学などを親学問として、作られています。

学問は研究をベースにしていますから、矛盾があると体系が崩れます。先の数学の例のように、論理性がなくなってしまいます。まるでその時の気分しだいのようなもので、学ぶ価値が無くなります。

教科は、学問の性格を引き継いでできていますから、それ自身が矛盾なく整合性を保っています。理科では、小学校低学年で、日向は温かく日陰は涼しい、という内容、高学年では、太陽からエネルギーが出て、空気を温め、気温を高めるという内容と関連して、一貫して矛盾がないので、頭の中に入るのです。それ自身が建築物のように、矛盾なく構築されています。学問をそのまま子どもに与えるのは、理解が難しいので、教える科目という意味で、教科ができ、教科の内容を、わかりやすく教えるために、教材ができ、そして指導法が工夫されてきたと言えます。

教科はそれ自身が体系化され、きちんと頑健に作られています。それは、教科毎です。各教科は、それ自身に基本的な考え方があって、他の学問や教科のことには、関心を持たなかったのかもしれません。研究者の場合を考えると、その通りで、その分野の研究に目を奪われていて、他には脳が働かないような印象を受けます。

ところが、現実社会を見ると、そのような体系だった単独の教科だけでは、理解できないことが多いことに気が付いたのです。理解できると書きましたが、正しくは、問題解決という表現が適切です。現実社会は、学校とは違います。第一に、教えてくれる先生がいません。学校では、先生が正解を教えてくれます。社会では、そのような万能な人はいません。もしいれば、この世の中は、すぐにいろいろな問題が解決できます。そのような先生がいないので、皆が頭をひねって考えるのです。皆の力で取り組むしか方法がないのです。それは、問題があるからです。人が生きていくこと、生活すること、それは、問題に出会い、問題を分析し、どうしたらいいか考え、やってみて、駄目なら別の方法を考え、という問題解決の連続と言ってもいいのです。

その問題解決では、単独の教科だけでは、とても非力で、すぐに跳ね返されてしまいます。それは、誰でも納得することです。本質的に、現実社会の問題は、総合的であり、多くの要素の集合体のような性質をもっているからです。かくして、現実社会の問題解決という視点に立った時、それはSTEMのような総合的な内容になるのです。STEM教育は、真正面に、この社会における問題解決力を、子どもたちに身に付けさせることを、念頭に置いた教育なのです。

したがって、学校における教科の学習なのか、社会における問題解決の学習なのかで、その教育課程、教育方法、考え方は、大きく異なり、右の道なのか左の道なのかという大きな分かれ道になるのです。

EdTechの展示会

EdTechとは何でしょうか。Edは教育、Techは技術の略字だと推測できるので、タブレット、学習アプリ、電子黒板などのＩＣＴの教育利用だと理解できます。日本でも、東京や大阪などで大展示会があって、大きな展示会では数万人の来場者などと報道されていますので、多くの人々の関心を引き付けています。これは、日本だけの現象ではなく、最も大きな展示会は、イギリスだと言われてい

図2

ます。展示会の説明が目的ではないので、教育という観点から説明したいと思います。

図2は、図1と同じく、オーストラリアのシドニーに行った時のEdTech展示会の様子です。

その会場にいる子どもたちの姿を見て、アレッと思われる読者の皆さんは多いと思います。私もそのような印象を持ちました。日本でもよく開催される自動車の見本市は有名で、家電やパソコンの見本市や展示会などにも、大勢の人々が集まりますが、そのほとんどは関係者で、かつ大人であるというイメージがあります。子どもの来る場所ではないという、何か固定観念があって、そこに子どもたちが来ていると、どこか違和感を覚えるからです。

私は、先生がおられたので、質問すると、むしろけげんな顔をされて、「これはまたとない絶好のチャンスで、最近の技術はどのように進化して、教育のどの場面で使われるのか、その実物を見たり聞いたり、実際に触れたりすることができるのです。しかも、わからないことがあると、専門家に質問して、高度の知識を得ることができるのです。もちろん、この展示会の参加は、授業の活動です。子どもたちには、事前に調べさせて、質問を10程度持っていて、それらの回答をメモします。場合によっては、写真も撮ります。そして、レポートを書いて提出します。だから、子どもたちは、この会場で忙しく回っています。なにより、専門家の大人に聞けることの、学習効果は大きいですね」と答えてくれました。

確かにその通りです。日本でも野外活動などがあって自然体験をする活動もあるので、同じと言えば同じですが、どこか違う印象を持ちます。それは、そこに大人が混じっていることではないでしょうか。いや、工場見学など、大人が仕事をしている様子を見学するではないか、それと同じだよ、と言われればその通りですが、その工場見学には、事前に了解をもらって、説明する大人がいて、予定された内容と順序で見学するという、予め子どものための工場見学という枠が作られていますが、この展示会の見学は、その工場見学と異なります。大人とまったく同じ立ち位置なのです。特別扱いしていません。

予め決められていること、これは学校の文化なのです。時間割という枠があって、その枠で授業をし、1時間の授業でも、導入・展開・まとめ、という枠があって、その予定した流れにそって授業をするのです。内容についても、この時間は、この目標を達成することが定められていて、その目標に向かって、いろいろな活動をするのです。

しかし、このEdTech展示会の見学は、違います。訪問したブースで、子ども向けにわかりやすく説明してくれるかどうか、わかりません。専門的な内容の説明で、理解ができないことも多いかもしれません。それは基本的に、大人相手、同業者という専門家相手の展示会だからです。だから、わからないことだらけかもしれないので、たぶん、子どもたちは、どうして、何故、どのように、と質問攻めにするかもしれません。というのは、私自身が、そのような立場だったのです。内容については専門ではないか、と叱責を受けるかもしれませんが、その技術を理解するためには、技術的なことだけでなく、その背景の理解が不可欠なのです。例えば、子どもたちの学習履歴を綿密に記録し、それを自治体レベルで管理するシステムであれば、このような細かい履歴をとることに、教師の反発はないのか、何故、そのようなデータの蓄積が必要なのか、教師は子どもたちを常に見ているから、データに頼らなくてもいいのではないか、通知表はあるのか、転勤はあるのか、クラス替えはどの程度あるのか、など、背景を知らないと、展示物の意味を理解することが難しいのです。だから、私は、質問攻めにしました。そして、理解できた時は、何かお土産品をもらったような、有効な時間を過ごせたという満足感がありました。

子どもたちも、同じような立場で、大人の世界という、それは世の中や社会と言い換えてもいいのですが、その世界に放り込まれたのです。ここに、学校と社会の違いがあります。それは、質問の仕方と言ってもよいし、探求の仕方と言ってもよいですが、その違いがあるのです。教室では、正解を知っている先生がいて、質問します。そして、子どもが答えると、良くできました、とほめて、動機づけをすることが普通です。しかし、世の中や社会では、正解を知らないから質問するわけで、展示会で、子どもが大人に向かって質問して答えをもらったとき、良くできました、と答えたら、わかっているなら質問するな、と叱られるでしょう。このように、この展示会は、大人向けの展示会でした。つまり、子どもは、社会における活動をしていたのです。それは、用意された工場見学と異なるのです。オーストラリアの先生が子どもたちを連れてきた背景や意図は、そこにあると考えてよいのです。

今、探求の仕方が変わりつつあります。社会における探求の仕方が、これからの時代では求められています。

総合的な学習の時間

地震大国日本というと、あまり良い響きではありませんが、そのような印象を日本人は持っています。実際に、大地震の発生した分布を見れば、すぐわかるように、日本は大きな岩盤であるプレートが接する境界線上にあるので、大地震が起きやすいことなどは理科の教科書で学びます。このような現実の問題にどう対応するかは、探求と言ってもよいでしょう。それは、教科書だけではない学習が

図3

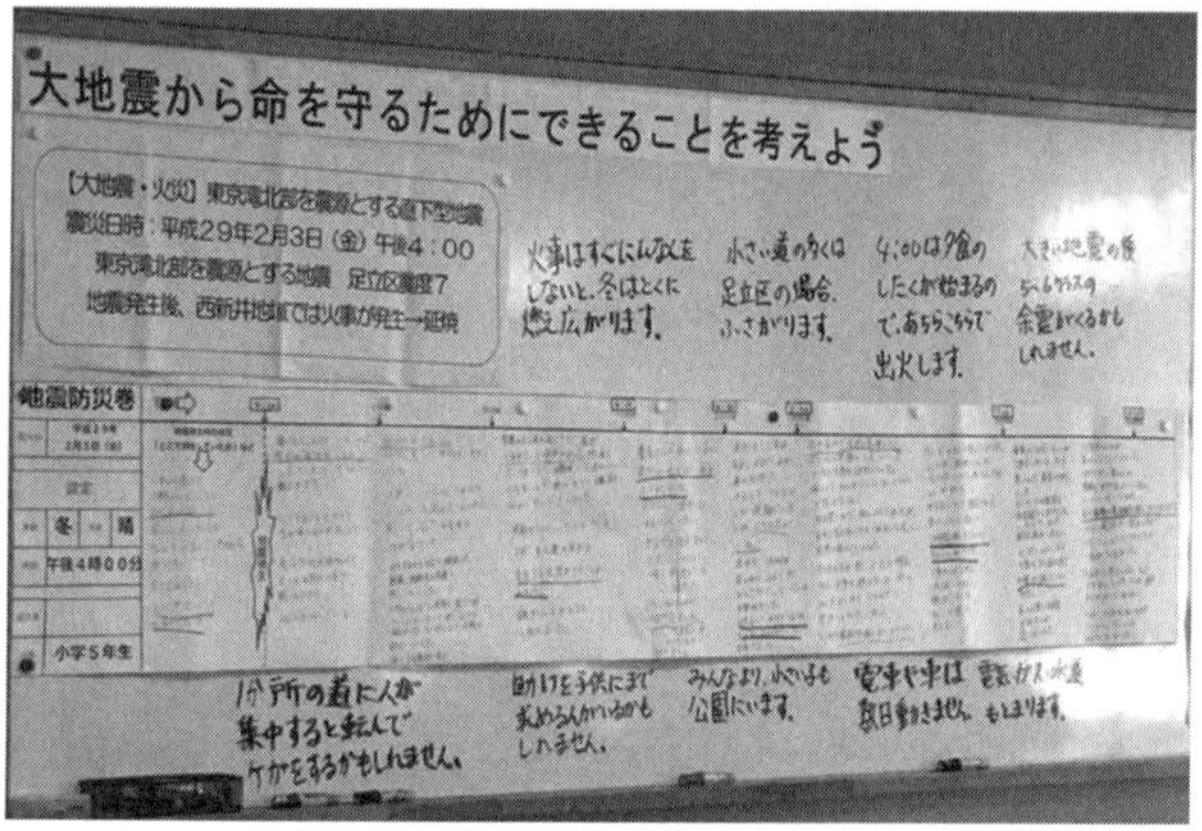

求められるからです。

東京の足立区西新井小学校の総合的な学習を参観したことがあります。古屋陽平教諭の授業でしたが、大地震から命を守る、というテーマで子どもたちが盛んに議論をしていました。大地震が来る前、と言っても10秒程度の縦揺れの時、どうするか、揺れている時、どうするか、揺れが収まった時、どうするか。場所が、教室なら、体育館なら、図書館なら、時刻が、朝なら、昼間なら、夕方なら、夜なら、など、いろいろな場合があることに気づいて議論が百出しました。揺れているとき、動かないか、その場にしゃがむか、机の下まで行くか、議論が分かれました。このような議論を聞いていると、教科の授業とまるで違うことに気が付きます。教科書を離れて、自分たちで考えているのです。もちろん教科の授業も子どもたち自身で考えているのですが、どこかに正解があるので、その正解にたどりつくという意識が働くのです。正解があるという前提に立つか立たないかで、学習に向かう意識が完全に異なるのです。自分事なのか、他人事なのかと言ってもよいですが、どうすればいいのか、という意識が、脳を刺激するような印象です。

考えてみれば、地震への対応は、いろいろな探求が必要です。先に示した、何故地震が発生するのか、というプレート理論の地学の学習もあれば、何故地震予知は難しいのか、という地震発生の分布から予測する統計の学習も面白いし、どうして身を守るか、という安全対策という生活上の知恵も大変に重要で、電気が止まったらどう生活するかという、家庭科の学習もあり、食料が無くなった時、そのように人々は助け合うか、という倫理的な問題も生じ、携帯電話などの電源の確保を含めて、どう連絡するかという情報伝達の問題、経済的な損失、2011年の3・11で経験したような風評被害の大問題など、数えきれないほど多くの問題を含んでいることに気が付きます。以上のように、大地震にどう対応するかは、単独教科だけでは不可能なことは、誰でもわかります。だから、この学校は、命をどう守るかに絞って、総合的な学習で実施したのです。その場合でも、地震の前後、場所、時間など多くの要因があって、議論が続きました。それは、正解がないから、正解があるかもしれないが、自分で考えるしかないので、総合的に考えていきました。その時に必要なことは、豊富な情報です。教科書はないので、自分で考えるしかない、と言っても限界があります。そこで、この学校は、インターネットで検索して情報を集めました。ネット上には、教科書にはない情報が膨大にあります。

教科書は、正解だけ、あるいは、専門家が確かな情報だけを掲載します。その意味では信用していいのですが、とっさには間に合いません。この大地震への対応は、教科書には一般的なことしか書かれていないはずです。先に述べた、地震の前後、場所、時間、環境、など数えれば無数の場合があるので、教科書という紙の制限から考えて、掲載することは不可能なことはすぐにわかります。

だから、インターネットを活用しました。検索すると、助かった事例や、身内を無くした悲しみや、最低限度に揃えておきたい準備など、それこそ、膨大な情報が入手できます。それは、証拠なのです。証拠が無くて、自分の考えだけを述べても、それは単なる感想に過ぎません。このような事例があった、このように被害に遭った人が話している、このようなデータがあった、このような写真も出てきた、という証拠を出して、自分の意見を述べるのです。証拠やデータを付加することによって、感想から意見に変わります。だから、総合的な学習が、単なる感想を述べる時間だけなら、時間の無駄使いですが、証拠を集めて、論理を組み立てれば、それは意見になります。主張に変換されることになります。

教科の学習には、文字通り、教科書が必要です。教科書とは、教科の学習をするための主たる図書教材と定義されていますので、教科と結びついています。総合的な学習は、教科ではなく、特別活動と同じ教科外の活動で、正式には、総合的な学習の時間と言いますが、ねらいは、教科でできない活動をすることで、子どもたち自らが探求する経験をすることです。いろいろな課題もありますが、例えば、先に述べたインターネットの情報は、教科書と違う、教科書は信用してもいいが、ネット上の情報は、専門家でなくても誰でも掲載できる、それを学校教育という公的な教育機関で利用して学習していいのか、という反論もあるでしょう。考えてみれば、大地震にどう対応するか、というテーマ自身に、いろいろな課題を含んでいることに、気が付きます。総合的な学習では、教科書の代わりに、インターネットを活用することも多いのですが、教科書とインターネットでは、本質的に枠組みが異なることに気が付きます。そこで、少し、教科書とは何かについて、触れておきたいと思います。

教科書と価値観

先に述べたように、教科の学習には、教科書が不可欠です。2017年の新学習指導要領の告示で、小学校で英語が教科になりました。正式には、外国語ですが、小学校3、4年生では、外国語活動で、5、6年生では、外国語です。この違いは何でしょうか。外国語活動は、先の総合的な学習の時間と同じ教科外活動なのです。だから、3、4年生には、英語の教科書はありません。しかし、5、6年生には、英語の教科書があります。このように、教科と教科外は異なります。授業参観に行くと、3年生でも教科書のような図書を使っていたよ、とか、道徳でも教科書のような本を使って授業をしていたよ、とか保護者からよく聞きます。その通りで、現実には、何か教科書のような教材がないと授業が難しいので、教科書に相当する教材を使っています。しかし、それは、教科書ではありません。そ

図４

小学校学習指導要領 **改 訂（平成２９年告示）**	 **現 行（平成２０年告示）**
第１章 総則	第１章 総則
第２章 各教科	第２章 各教科
第１節 国語	第１節 国語
第２節 社会	第２節 社会
第３節 算数	第３節 算数
第４節 理科	第４節 理科
第５節 生活	第５節 生活
第６節 音楽	第６節 音楽
第７節 図画工作	第７節 図画工作
第８節 家庭	第８節 家庭
第９節 体育	第９節 体育
第１０節 外国語（新設）	
第３章 特別の教科 道徳	第３章 特別の教科 道徳
第４章 外国語活動	第４章 外国語活動
第５章 総合的な学習の時間	第５章 総合的な学習の時間
第６章 特別活動	第６章 特別活動

れは副読本などの教材です。教材は、自由です。教科書は、文部科学大臣の検定を経ることと、明記されているので、実際には、教科書会社が教科書を作ると、教科書調査官という専門家がいて、その審査を経て、許可されて、学校に配布されています。

だから、教科書は、専門家の審査という検定を経ていますが、教科外活動では、その必要はありません。このように、教科と教科外では重みが違い、一言で言えば、教科の格が上です。道徳だけは特別扱いで、特別の教科・道徳として位置づけられましたので、教科書が必要になります。このように、教科書は、きちんと権威付けられているのです。

私事で恐縮ですが、私自身も教科書の編集に携わった経験からすると、教科書調査官は、その教科の高度な専門家、トップクラスの権威者と言ってもよいと思います。文字通り、詳細にわたって、専門的な知識を持っています。私は、そのすごさに感動さえ覚えた経験があります。子どもの教育に関わること、直接に子どもたちが触れて学習すること、それは、考えてみれば、すごいことなのです。誤解のないように言いますが、教科の専門家と、教科の元になっている、その分野の研究や学問の専門家とは違います。学者や研究者と呼ばれる人とは別の、教科や教科書の専門家なのです。教科を子どもたちに教えることは、オーバーに言えば、国を背負っていると言ってもよいのです。何を教えるかは、何を価値とみなすか、と同じだからです。よく言われるように、戦時中は、軍国主義を理念として、教科書が編纂されました。そして、戦争に向かっていきましたが、それは価値観なのです。現在でも、反日教育を行っている国もあります。平和を願う教育をする国もあれば、戦争に向かう教育をする国もあり、競争に勝つ教育もあれば、協調を求める教育もあり、知識や伝統を重要視する教育もあれば、問題解決を念頭におく教育もあり、それらはすべて、どのような価値観に基づくかで、決まってくるのです。

子どもを教育することは、どのような形でもなれそうな、粘土のような素材を対象にして、作り上げていくようなイメージがあります。その作り上げ方には、様々な考え方があって、伝統を重んずる教育の価値観は、同じ形のような姿を目指しているイメージです。粘土では主体がないので表現しにくいですが、何か粘土に自分という主体的なものがあって、外から形を作っても、なかなか思い通りではなく、別の形になるようなイメージ、それを個性と呼べば、個性を重視する価値観もあります。

教育は、過去の文化遺産を伝えることだ、という価値観は、今日でもよく言われます。

いつの間にか、私たちは、日本人という意識が作られ、伝統の文化、それが味噌汁やてんぷらや刺身のような食事であっても、人に会ったら、頭を下げるという無意識的な行動も、人にぶつかったら、すいません、とすぐに謝る習慣も、四季の変化で季節を感じる情感や、田舎ののどかな風景で心休まる気持ちも、日本の童謡で子どもの頃を思い出す感傷も、どこかで日本人としての伝統や文化遺産を教育として受けてきたからでしょう。それは、アイデンティティと呼んでいいものですが、それは多くの場合、子どもの時からの教育の力によるところが大きいのです。

一方、大人になって、就職して仕事で忙しくなり、多くの問題を抱え、乗り越えようと努力したり、人間関係で悩んだり、多くの人たちと触れて、日本人としての行動様式だけでは難しいと感じることも多く経験するようになります。かつての自分たちが受けてきた教育と異なり、今の若い世代の人たちや、子どもたちの考え方も、自分の世代と異なり、さらにグローバル化が進んで、世界中の人たちとも触れる機会が多くなると、伝統文化だけではなく、別の価値観も必要だと感じるようになったりします。

このように考えると、数学の公式、理科の法則、国語の文学作品など、すべて過去の貴重な文化遺産であり、そこに触れることで、考え方・感じ方など、人間としての基礎的な柱や骨格ができます。これらは、教科を通して教科書を用いて、学んでいきます。教科書は、その国の礎のような土台となる役割を果たしているのです。したがって、国は、多くの労力をかけて、学習指導要領を作り、専門家である教科書調査官の審査を経て、教科書の出版を許可する検定制度を作っています。一方では、先に示したように、現代社会は揺れ動いています。流動してやまない社会に立ち向かうには、立ち向かうだけの力量がなくては、流されるだけになります。学校だけではない、教科書だけではない、社会という巨大な生き物に向かっていかなければなりません。特に、将来においては、現在の職業の半分は人工知能（ＡＩ）にとって代わられるという未来予測に対して、自分で開拓していけるような力強い資質・能力が求められることは、言うまでもありません。そこで、文部科学省は、このような社会に立ち向かう力の一つとして、探求的な力を育てるような、教育課程を作りました。現実には、2018年告示の高等学校の学習指導要領では、理数探求、理数探求基礎という二つの科目を新設しました。伝統文化を守りながら、現実に向かえる探求的な力を育てるという価値観と言ってもよいでしょう。

まとめ

この章では、これから求められる探求的な力、探求することの意味について、学習指導要領にも触れながら、述べてきました。2017年告示の新学習指導要領解説編では、次のように記されています。

「各教科等のそれぞれの分野における問題の発見・解決に必要な力を身に付けられるようにするとともに，総合的な学習の時間における横断的・総合的な探究課題や，特別活動における集団や自己の生活上の課題に取り組むことなどを通じて，各教科等で身に付けた力が統合的に活用できるようにすることが重要である。」

この解説では、問題解決の仕方と共に、総合的な学習の時間における横断的・総合的な探求課題について、具体的に述べています。これは、現実の問題解決は、教科横断であり、総合的に取り組む必要があるという意味で、本章で具体事例の中で述べた通りです。

以上を、項目別にまとめておきます。

①教科と総合的な学習のねらいは、異なります。

教科は、親学問が元になっていますので、きちんとした建築物のような構造があります。矛盾なく、論理的な一貫性があって、系統的に作られています。それは、教科毎ですが、例えば、理科では、低学年で学習する日向と日陰の違いは、高学年で、太陽のエネルギーと結びついて学習することができるのは、そこに一貫した論理的な構造があるからです。総合的な学習は、そのような学問を背景とした内容の体系を学ぶと言うよりも、問題解決の仕方、探求の仕方を学びます。つまり内容ではなく、方法を学ぶのです。だから、単元のような内容は固定化されていないのです。学校によって、ゴミの処理、地震への対応など、様々です。様々であってよいのです。学習のねらいは、総合的に教科横断的に、探求の仕方を学ぶからです。

②探求の仕方は、教科書よりも、図書館、インターネットなどを活用します。

教科書は、きちんと決まった内容が記述されていますが、現在の課題を追及するには、すぐに対応できるような手段と方法が、不可欠になります。例えば、2011年の3・11のような大地震のテーマ設定では、新聞、インターネット、場合によって、専門家や関係者へのインタビューのような手段が必要です。そして、多くの要因があるので、総合的な学習で扱うことが適しています。理科だけ、社会科だけ、家庭科だけの単独教科で扱うことは、難しいからです。

③新しい技術の登場や、社会がグローバル化するのに伴い、問題解決力や新しい課題を探求する力が、さらに重要になります。

伝統や文化を伝える役割としての教科の学習の他に、問題解決を目指す能力の育成が、今日では注目されてきました。2018年告示の高等学校の学習指導要領では、理数探求、理数探求基礎などの科目が新設されて、教科として位置づけられるようになりました。

第3章

道具の使い方を身に付ける

これからのＡＩ時代には、ますます情報機器が学校に入ってくると思いますが、それは本当に必要な道具なのでしょうか、そして、何故なのでしょうか。

情報機器の使い方

図1をご覧下さい。単純な成績処理の画面で、この表は、私が学部学生の成績処理をした一部です。学籍番号と個人名は網掛けをしていますが、実際の成績処理の一覧表です。大学の成績処理は、どの教員も同じだと思いますが、その項目は、テスト、記述、出席率、レポート1～3となっています。私の場合は、テストは多肢選択テストで、マークカードで自動採点し、記述は、テストに記述問題があるので、その点数のことです。レポートは、前期に3回のレポート課題を出したこと、出席率は説明しなくてよいと思います。大学でも、このようにいろいろな項目を重みづけして合計得点を算出して、成績を付けます。成績の評定記号は、A、B、Cとか、優良可などで、大学によって違います。ただし、出席回数が少ないと、自動的に単位は認められません。このような成績処理が一般的ですが、問題は、当然ですが、採点日数が決められていることです。試験を実施して、採点結果を出すまで、大学によって違うでしょうが、1週間程度でしょうか。小中高校でも同じような期間だと思います。ただ、大学、特に学部学生を対象にした科目では、対象学生数が多いということです。私の例では、3科目あって、1科目が約200名程度でしたので、合計600名の試験解答を採点しなければなりません。そして、決して間違えてはいけないことは言うまでもありません。

マークカード方式が導入された時、機械の有難さがよくわかりました。それまでは、手で採点して

図1

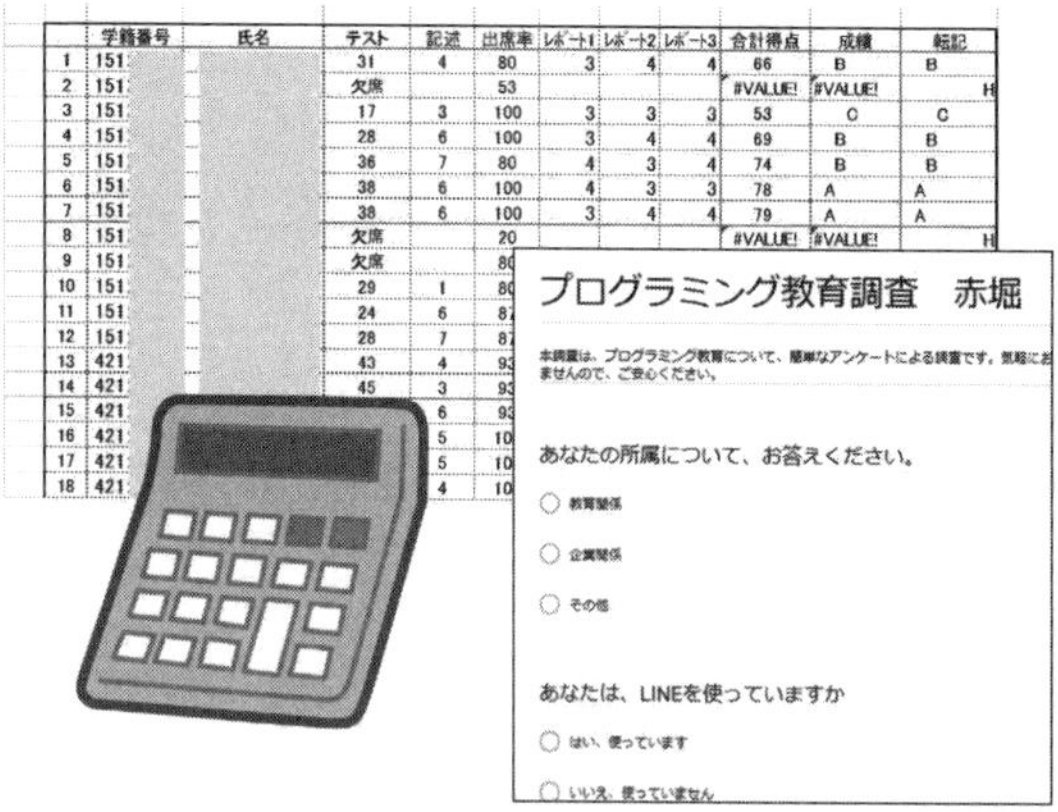

いましたので、採点ミスがないか不安でした。この採点期間は、それだけに集中して、他の用事は一切入れないようにしていましたが、学部学生の授業を担当している教員は、全員同じ状態だったと思います。科目によって異なりますが、私の場合は、記述問題を必ず入れていました。多肢選択問題は、適当に答えても偶然に正解する場合もあるという、結果の信頼性が低いということもありますが、試験時間を有効に使うという意味もあります。例えば、30問の多肢選択問題でも、60分の試験時間であれば、時間が余ってしまいます。多肢選択問題では、どうしても知識を問う問題が多くなるので、考える時間が少ないのです。そこで、記述問題を入れるのですが、実際の試験では、ほとんどの学生が最後まで、熱心に鉛筆を動かしていました。余談で恐縮ですが、記述問題は、私の場合は、試験問題の最後に置きますので、ある時間になると、試験の教

室に、鉛筆が紙の上を走る音が、響き始めます。２００名以上の学生が受験する教室では、その音は、だんだん大きくなり、まるで生き物のように、ざわめきます。後3分です、とアナウンスして、最後の時間まで、すべての学生たちは、机に向かっていました。私たちが学生の頃は、このような真剣な試験を受けた経験がなかったので、この時間が大変に貴重に思え、学生を尊敬する気持ちすら起こりました。

話題が少しそれましたが、マークカードを導入する前は、手作業でした。もちろん手作業の良さはあります。学生たちが、どのような思考をしていたのか、その採点作業を通して知ることができました。採点とは、教員と学生や子どもたちとの対話の時間と言えるかもしれません。しかし、時間と正確さに問題があります。図1の左下に、電卓のイラストがあります。かつては、電卓で採点していましたが、集計に大変に気を遣うことは言うまでもありません。例えば、１００人で10教科の集計では、縦横に合計得点を計算するので、1000回の2倍で2000回も数字を入力して、転記しなければなりません。2000回入力してミスしないほうが、むしろ不自然で、縦横集計が一致しなければ、もう一回やり直しになるので、逃げだしたくなります。それは、あまりにも機械的だからです。であれば、そのような処理に適した機械を使う方が得策です。電卓でなくて、計算ソフトであれば、縦横集計は、決して間違えることはありません。

計算ソフトは、プログラムでできているので、そのプログラムにバグ（誤り）がなければ、断じてミスは起きないと言えます。そう言い切れるのは、プログラムは、論理的にできているからです。

1＋1は2のような、論理数学の体系を基礎にしているので、決して間違うことはないのです。ところが、人間のすることは、ミスが起きやすく、むしろ、それが人間らしいとも言えます。例えば、計算ソフトを使ったとしても、採点した数字を、計算ソフトの表に転記する時は、人間が行うのでミスすることが生じます。それを起こさないようにすることが賢明です。その例が、右下の図です。これは、ある調査で用いた図ですが、Ｗｅｂから入力して、そのままデータが、計算プログラムに送られ、集計したり、グラフに書いたり、分析したりすることができます。つまり、人の手作業というプロセスを経ないので、決してミスは生じないことになります。データが生じた時点で、データを収集するという仕組みで、デジタルデータであれば、プログラムのあるサーバーやクラウドに送ることができるので、データの収集から分析、結果の表示まで、実行することができます。いずれ、学校における、試験、調査など、すべて自動的にデータが収集、分析されるようになると思います。というより、すでに実行されています。その典型の一つは、ＣＢＴ（Computer-Based Testing）ですが、少し詳細になるので、海外の学校の事例を、後半で紹介しましょう。

統計と数学

図2をご覧ください。統計グラフと数式です。中学生レベルの数学の問題と思ってください。図下

図 2

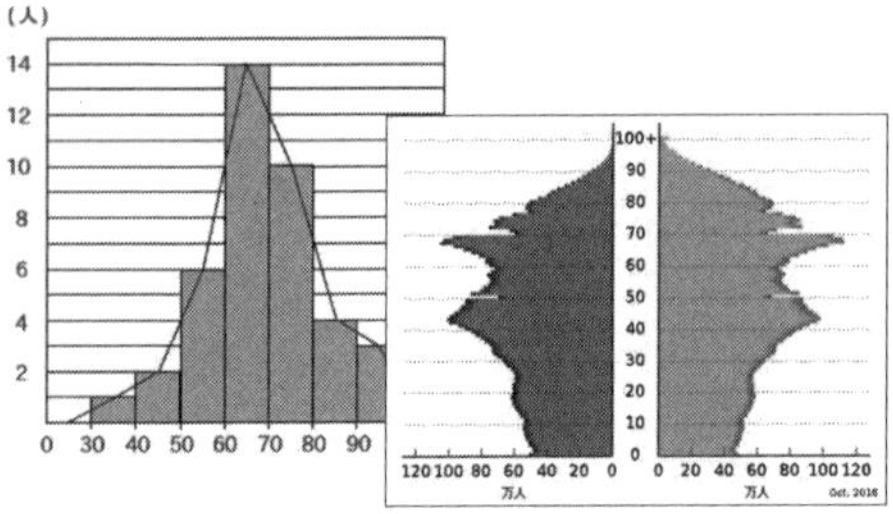

$$(2x^2+x) \div x =$$

$$(8x^2-12x) \div (-4x) =$$

$$(8a^2b^3c+12ab^2c^2) \div 6ab^2c =$$

の数式の問題も、かつて勉強したと思い出すでしょう。図上左のグラフは、2008年（平成20年）告示の学習指導要領に導入された統計の問題とグラフです。図上右のグラフは、総務省が出している日本の人口ピラミッドです。このように並べると、統計と数式の違いが、イメージしやすいと思います。図上左のグラフは、40人クラスのテストの得点分布ですが、そのイメージは、そのまま図上右の人口ピラミッドにつながります。しかし、図下の数式は、どうでしょうか。なかなかイメージできません。複雑な数式が書かれている、としか言いようがないのです。

　数式を計算するには、いくつかの段階があって、すべて論理的に組み立てられています。1＋1は、誰が考えても2なので、論理的に納得できます。そのように組み立てていって、図下のような複雑な数式も計算することができます。誰が考えても納得できる、論理

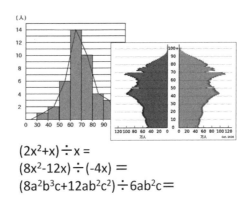

的だということが、すべての基本と言えるのです。図上のグラフは、どうでしょうか。論理的とか納得するとかの次元とは違います。データを表示した、わかりやすく可視化した、だけだと思えます。しかし、平均値とか分散とか標準偏差など、難しそうな用語もあります。平均値とは何でしょうか。データ全体の代表のような数値なのですが、その他にも、いろいろな代表値が考えられます。中央値、モード、幾何平均など、統計の本を読めば、出てきます。これが、1＋1は2とは、違うイメージを持つ理由なのです。

1＋1は2以外には、とても考えられない、という納得性があり、その背後に論理性がありますが、統計は、いろいろ考えられる、という多様性があるのです。一言で言えば、数式は、真理の追究の結果と言えますが、統計は、真理というよりも、便利さ、わかりやすさ、効率、などと言えます。つまり、平均値は、1＋1は2という真理とは違うのです。しかし、そのほうが、役立つではないか、だから、平均値を作った、分散を作った、グラフ化した、というように、人に役立つことを目標にしたとも言えます。この表現は、少し断定的ですが、本質的な違いがあるのです。したがって、統計は、2008年になって初めて数学の学習指導要領に、導入されたのです。それまでは、数学と統計は、先に述べたように、なじまなかったのです。たぶん親学問である数学の専門家は、統計は数学の範囲に入れるべきではないと思っているはずです。同じ数字を扱うのではないのか、という声は、数学教育の専門家以外の人に多くあると思いますが、よく考えると、このような違いがあるのです。

図下の数式は、特別な業務以外は、世の中では、お目にかかりません。しかし、統計は、人口ピラミッドだけでなく、世の中のほとんどすべての数字を扱う世界で用いられます。予算や決算のない企業はありません。学校でも、先に示した成績処理、出欠席処理、多様な調査、図書管理、学習指導要録、入学試験、備品管理、など数えきれません。そのような数字の処理に対して、人にとって便利で、効率的で、わかりやすく、分析し表示する必要があります。かくして、情報処理手段として、コンピュータが用いられるようになったのです。2008年に告示された学習指導要領にしたがって、小学生からデータ処理、統計処理を学び、コンピュータも使うようになりました。

それまでは、数学とは相いれない対象だったのですが、世の中や社会の動きを見ると、このような教育は、大人になってきわめて重要だと認識されて、学校教育に導入されることになったのです。コンピュータのソフトとして、例えばOfficeなどが有名ですが、文字通り事務処理を支援するソフトであり、コンピュータも小型化して、机の上に乗るようになるとデスクトップ型と呼ばれ、企業などでは、各自の机にコンピュータが設置されて、業務をこなす、という光景が普通になりました。つまり、社会の動きに合った情報処理の基礎が統計と言えます。

世の中は、現実に対峙していますから、現実に合わないものには、そっぽを向き、合うものは、即座に取り入れます。コンピュータという道具も、その例外ではなく、ソロバンから電卓、汎用コンピュータからパソコン、と移っていき、世界中の事務所にコンピュータは、設置されてきました。それは、現代社会の巨人とでも呼びたいくらい、圧倒的な存在感を持って、すべての機関に入ってきて、すべての機能を代用するような働きをするようになりました。現在では、人工知能（ＡＩ）やＩｏＴと呼ばれる革新的な分野が登場して、新しい技術が生み出されています。結局は、社会と教育は、どうあるべきか、という課題に対する答えが求められているのです。ここで述べた統計教育は、社会の動きや世の中の変化に、どう対応するか、という答えの一つでもあります。これから、このような問いが、学校教育に降りかかってくると言っても、過言ではありません。ＡＩやＩｏＴだけでなく、情報社会は、道具と切っても切り離せません。これまで、あまり関心の無かった道具、特に情報機器に対して、どう関わるかは、大人も子どもも、社会を生きていく必須の能力、つまりリテラシーとして、重要視されているのです。

コンピュータという道具

人は、目が悪くなれば眼鏡を使い、足が弱くなれば杖をつき、耳が遠くなれば補聴器を使う、というように、道具を使ってきました。そして、コンピュータも例外ではなく、人の役に立つ道具なのです。ただ、この道具は、目でも足でも耳でもなく、脳を支援する道具なのです。脳は、考えてみれば、目や足や耳とは違う、とてつもない巨大な機能を持っています。それは、すべての知識の源泉だからです。言うまでもなく、人は発達した脳のお蔭で、万物の霊長と呼ばれました。脳が、すべての道具を生み出し、知識を生産し、文化を作ってきたことは言うまでもないことです。科学も芸術も、すべての学問や文化も、脳が生み出してきました。その脳を支援する道具が、コンピュータです。コンピュータは、プログラムと呼ばれる仕組みで動いていますから、その仕組みを、ある程度意識する必要があります。杖は地面をつけばよいし、眼鏡は目にかければいいし、ほとんどの道具は、そのままで動作します。文句を言うことはない、物言わぬ道具なのです。しかしコンピュータは、物言う道具であり、対話を基本として、人の意思を伝えるのです。

昔話で恐縮ですが、かつてパソコンを先生方に研修会で指導したことがあります。はい、OSを立ち上げて、と言ったら、受講生の先生方が椅子から立ち上がった、という嘘のような本当の話がありました。言われてみると、人が椅子から立ち上がる方が、自然な反応のように思えます。それは自然な会話だからです。ソフトを立ち上げる、という方が、おかしいのです。あるいは、校長先生に、パソコンに名前を入力する指導をしたことがあります。今でも目に浮かぶようですが、じっとパソコン画面を見ながら、考え込んでいる様子で、どうしたのですか、と聞いたら、どうしてもわからない、と言われました。パソコンの画面をのぞくと、きちんと書かれていて、仮にその名前を、田中次郎、とすると、苗字の田中と名前の次郎の間を少し開けたいと言われるので、それは簡単で、このスペースキーを押してください、と言うのですが、それでもじっと考えこんで、やっぱりわからない、とつぶやいて考えこんでしまったのには、困りました。何がわからないか、わからなかったのですが、最後に、空白という文字を入力すればいいのです、と言った途端、そうか、わかった、と言ったのです。校長先生にしてみれば、田中と次郎をどうして引き離そうか、と悩んでおられたのです。イメージはわかります。引き離すのではなく、空白という文字を入れる、と認識した途端、そうだと納得したのです。文字入力では、空白も文字の一つなのだ、という認識があって、理解できるのです。その認識は、日常生活における認識とずれることがあるので、パソコンの操作は難しい、ということになります。

まるで、コンピュータが意思を持っているかのように、言うことを聞かないことが多いのです。かつては、プログラミングの教員研修も盛んでした。命令語を入力するのですが、始めの頃は、文字入力もままなりません。キーを強く押す人は、文字が連続して画面に表示されて、びっくりします。パソコンからすれば、強く、というより、長く押していたので、連続文字だと認識したからで、私は、冗談で、あれは、入力という当て字がおかしいのだ、力が入る、と書いているから、強く長く押すのだ、と言ったことがあります。

まるで、漫才のような会話ですが、まさに、その通りなのです。パソコンという道具と対話しているのです。パソコンは、自然の会話ができません。決められた用語だけ理解できる、融通の利かない、外国人と筆談しているようなものなのです。何故かと言うと、プログラムでできているからです。プログラムとは、決まったことしかできません。融通の利かない、とは、私たちの意思を推測して、などができないという意味です。そのプログラムは誰が作ったのか、と言えば、パソコンの設計者です。設計者は、コンピュータの専門家なので、専門の世界で考えているので、日常生活の用語とは別なのです。例えば、先の入力は、英語では input ですが、何か物が入る、というイメージです。専門家からすれば、パソコンの中にあるメモリーに文字というコードが記録され、次に画面にその文字コードを送って表示する、というイメージだと思いますが、一般の人は、そのような面倒なことは考えず、押したら、その文字が画面に出てきた、という程度で考えています。しかし、考えてみれば、下駄箱に靴を入れる、というイメージと、メモリーに文字コードが格納される、というイメージは同じです。

いづれにしても、コンピュータという道具を使いこなすには、設計者の意図するイメージや認識に従って作られていますから、その認識に、ある程度慣れるしかないのです。文字入力の校長先生が、じっと考え込んでいたのは、自分の認識とパソコンの設計者の認識のギャップから生じていたのです。例えば、だいたいのパソコンのメニュー画面では、ファイルという項目の中に、印刷のサブ項目があります。日常生活では、ファイルと言うと、書類の束なので、印刷とは別のイメージなのです。どうしてという理由は、私も明確にわかりませんが、設計者にとっては、印刷機に送って印刷することも、PDFファイルに変換するのも、名前を付けて新たにファイルとして保存することも、印刷機とコンピュータの中のディスクを区別せず、ファイルを送って出力する、紙に打ち出すことも画面に表示することも、同じようなイメージで認識しているのかもしれません。

図3

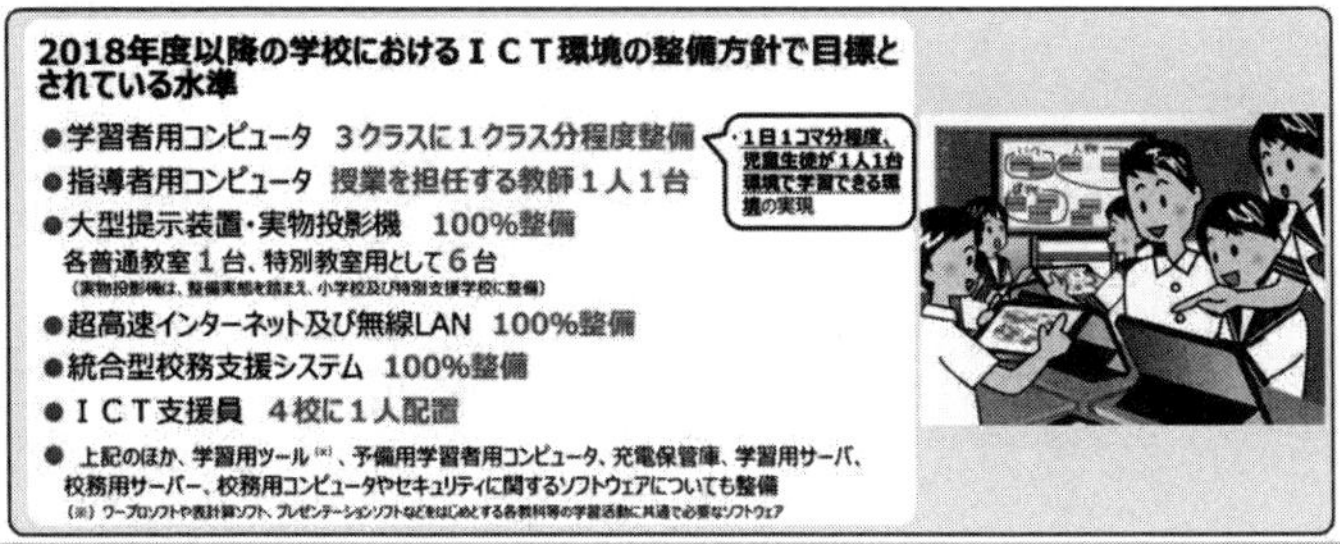
2018年度以降の学校におけるＩＣＴ環境の整備方針で目標とされている水準
●学習者用コンピュータ　３クラスに１クラス分程度整備
1日1コマ分程度、児童生徒が1人1台環境で学習できる環境の実現
●指導者用コンピュータ　授業を担任する教師１人１台
●大型提示装置・実物投影機　100%整備
各普通教室１台、特別教室用として６台
（実物投影機は、整備実態を踏まえ、小学校及び特別支援学校に整備）
●超高速インターネット及び無線LAN　100%整備
●統合型校務支援システム　100%整備
●ＩＣＴ支援員　４校に１人配置
●上記のほか、学習用ツール（※）、予備用学習者用コンピュータ、充電保管庫、学習用サーバ、校務用サーバー、校務用コンピュータやセキュリティに関するソフトウェアについても整備
（※）ワープロソフトや表計算ソフト、プレゼンテーションソフトなどをはじめとする各教科等の学習活動に共通で必要なソフトウェア

少し横道にそれましたが、コンピュータという道具は、杖や眼鏡や洗濯機や掃除機などのように、物言わぬ道具ではなく、対話によって働く仕組み、つまりプログラムによって動く道具だとわかります。さらに、人の脳の延長で、脳を手助けする道具でもあります。コンピュータは、情報の入力、処理、出力というプロセスで動いていますが、人も同じようなプロセスで情報を処理していると考えて、「人間の情報処理」（アメリカの認知心理学者で人工知能研究者のラメルハートの著書）は、広く世の中に受け止められました。

いずれにしても、コンピュータは人間の脳と深く関連しており、事務処理機器として広く受け入れられたパソコンは、やがて知識を対象とする教育に、導入されることになりました。図3は、文部科学省が発表している学校のＩＣＴ環境の整備指針です。

学習指導要領

1980年代の初頭は、一般企業にパソコンが出始めの頃と言ってもよいと思いますが、まだ、画面に文字入力して実行するDOS（磁気ディスクを用いたOS）の時代で、取り扱いの難しい道具の代名詞のようなイメージでした。やがて、GUI（グラフィックな操作ができるアイコンを用いる）になって、文字（テキスト）入力しなくてもよい環境になって、一般に普及したように思われます。先の校長先生の研修は、まだ文字入力の時代で、OSを立ち上げて、ということは、文字入力しないとできないのです。先に述べたように、立ち上げる、入力する、などの意味自身が、日常用語とは異なっているのです。正しくは、同じなのですが、コンピュータの世界をイメージしにくいから、混乱するのです。先に述べた、靴箱に靴を入れることと、文字を入力することは、イメージ的には同じです。OSを立ち上げて、も、始めに、基本ソフトであるOSを実行して、そのOSの元で応用ソフト（アプリ）を動かして、そのアプリの元で、文字入力やデータなどを読み書きすると考えれば、OSが立ちあがって、その台の上で、アプリが立ち上って、そのアプリの台の上で、データの読み書きをする、と考えれば、立ち上がる、という用語がイメージしやすいと言えます。ただ、そのイメージが、コンピュータの世界の話なので、想像しにくいのかもしれません。

パソコン研修は、当時は大流行でした。今日ではどうでしょうか。かつてのような研修は、あまり見なくなりました。現代人は、若い人たちは当然ですが年配の人たちも、パソコンもスマホも自由に使っています。かつては、分厚いマニュアル本がありましたが、今日では、重たいマニュアル本は、どこにも置いてありません。難しい操作の代名詞のようなパソコンが、いつの間にかやさしくなったのでしょうか。明確な答えは、書けませんが、多くの人が慣れたのだと思います。パソコンの出始めの頃、パソコン通信と呼ばれた時代には、これほどメールが普及するとは、誰も予想しなかったのではないでしょうか。メールといえば、電子メールのことのように、定着してきました。これも、慣れたのでしょう。かくして、一般企業も職員室の先生方の机の上にも、パソコンが置かれ、世の中では一人一台が普通の光景になってきました。

社会の動きは、学校にも影響を与えてきます。大学でも、入学時に、パソコンを持つのが普通になって、一人一台が定着しています。レポートを書く時、調べる時、書類を出したりする時、つまりあらゆる場面で、必須の道具になってきたからです。台風のため、今日の授業は休講です、など、数千名以上の学生に連絡するのに、電話では不可能です。小中高等学校にも、一人一台の情報環境に近づくことは、自然の流れなのです。本章の始めから述べていることは、学校が社会に近づくということです。その意味で、近いか遠いかは別にして、将来は一人一台が実現されると思います。それには、いくつかの阻害要因がありますが、多様な方法で乗り越えていくと思います。かくして、学習指導要領においても、小学校から高等学校まで、情報手段を活用する、と明記されたのです。

しかし、学習指導要領には、もう一つの記述があります。パソコンの操作について、慣れることで、習得すると書きました。道具は、すべて同じです。言葉も道具の一つと考えれば同じで、習うより慣れよ、という格言が通じます。日本人は、長い間学校で英語を勉強したにも関わらず、何故こうも話せないのか、と誰も思っています。いろいろな学習法がありますが、現地で生活体験をすれば、すぐに答えがでます。それは、理屈よりも実践するしか方法がないからです。何故だろう、と考えていては、相手にされないからで、文法など気にしないで話すのです。やがてそれが慣れに通じてきます。パソコンでも、子どもは、ともかく触ってみる、そして、失敗しながらも、機能を覚えるのですが、先の校長先生のように、大人は、意味を考えるのです。何故だろう、と考えるのですが、実は、今日、その何故だろう、と考えることが、重要視されてきたのです。

それが、プログラミング教育です。プログラミング教育については次項で述べますが、その何故だろう、という疑問は、仕組みを考えているからです。ともかく使えば、使えるようになりますが、その仕組みについては、無知なのです。先の校長先生の疑問は、文字入力とは何だろう、という疑問なのです。キーボードを打つと、どうして画面に表示されるのか、空白も文字だと認識できた時、空白キーだと認識した時、そのキーは、どのように伝わっているのだろうか、という疑問を持てば、仕組みについて考えているのです。空白キーは、コードとして、つまり記号に変換されて、パソコン内部に送られ、それが画面に表示されるとして、それは、誰が行っているのだろうか、というと科学的な表現ではありませんが、そのような疑問を持つとしたら、人の代わりに、何かが指示してそのように実行しているのだと考えるしかありません。それがプログラムだと気がつきます。

キーボードの文字を画面に表示することも、プログラムが実行しているとしたら、パソコンは、すべてプログラムによって制御されていることに気が付きます。そのプログラムが、パソコンだけでなく、この世の中のほとんどすべての製品に組み込まれて、製品を制御しているとしたら、それは現代社会を動かしている巨人というか、神というか、形容のしようがないような偉大な存在だとしか言いようがありません。かくして、その巨人が何であるかを、小学校段階から学習させる必要性が、以下のように、新学習指導要領に記述されています。

「各学校において，コンピュータや情報通信ネットワークなどの情報手段を活用するために必要な環境を整え，これらを適切に活用した学習活動の充実を図ること。あわせて，各教科等の特質に応じて，次の学習活動を計画的に実施すること。児童がプログラミングを体験しながら，コンピュータに意図した処理を行わせるために必要な論理的思考力を身に付けるための学習活動（以下、略）」

ネットワークによるコンピュータ利用

図4をご覧ください。私の事例で恐縮ですが、図左のようなメッセージが私宛のメールに送られて

きました。これは、論文の引用数についてのメッセージで、あなたの引用数は、この分野でこの期間で最も多かった、おめでとう、という文面です。引用数とは、他の研究者が、私の論文をどの程度引用したのか、という数のことです。この数は研究者にとって、重要な指標になるのです。大学の教員などが、論文の数を気にすることは当然で、その数や質によって、昇進したり評価されたりする指標だからです。その指標が、近年では少し変化してきました。論文の数から、引用数に変化してきたのです。他の研究者が引用しない論文は、いわばあまり役に立たない自己満足のための論文だ、という考えが主流になってきました。他人に認められることは、高く評価されたことと同じなので、優れていることの証拠になります。ベストセラーの本が優れた本だとは言えないこともありますが、本の評価の大きな指標になることと同じです。

図4の興味深いことは、図右のようなメッセージが、その後に送られてきたことです。これは、求人情報です。このような研究をしている人には、このような職種の求人がありますよ、というメッセージなのです。このように考えると、人生100年時代の意味が納得できます。65歳で定年になったから、などではなく、技能と能力があれば、またその能力を磨けば、それを必要とする仕事もある、という事実です。もちろん、技能や能力だけで再雇用ができるわけではないのですが、ネットワークによって、そのようなことが可能になったのです。さらに、もう一度、技能や能力を磨きたい、学習したい、と思っている人は、大勢います。リカレント教育の時代なのです。定年とは、組織が決めた制

図4

度にすぎません。現代は、勉強したい人は、いつでもどこでも、できます。つまり人間本来の知的な要求に答えられる世の中になっているのです。

　その典型は、MOOCでしょう。MOOCとは、大規模公開オンライン講座と訳されていますが、オンラインという言葉でわかるように、インターネットを通じて、学習できるシステムのことです。大規模とは、世界中に広がっていて、世界のどこからでも、その講座を受けられる、という意味です。例えば、ハーバード大学、東京大学など、有名な大学の講義が、無料で公開されているのです。公開ということにも注目してください。著名な先生の授業を受けたければ、これまでは、その大学の学生になるしか、方法はありませんでした。正規の手続きを経ないで、潜り込めば、てんぷら学生として処分されるでしょう。しかし、本当に受講したければいいではないか、大いに勉強してほしい、という考え方のほうが正当な考えです。大学に行けなかった人は、単に高等学校の成績がよくなかった、だけではなく、経済的理由、病気、その家の伝統、その他家庭の事情など様々な要因があります。国によっては、女性というだけで学校に行けない差別もあります。アフガニスタンやパキスタンでは、女性が学校で教育を受けることに、相当の困難があると言われています。そのような人にも、自由に学習できるチャンスを与えることができれば、素晴らしいことではないか、と誰でも賛同するでしょう。その一つが、MOOCなのです。

実際、アフガニスタンの少女が、MOOCを受講して、感想を述べている光景を視聴したことがあります（NHKクローズアップ現代、2013年9月17日放映）。その中で、彼女は、「まるで夢の世界にいるようです。もしわからないことがあれば、質問をネット上ですれば、多くの回答がすぐに返ってきます。大学教授クラスの優秀な家庭教師を雇っているような感じです。将来は、宇宙物理学の研究をしたい」と、語っていました。正確な言葉かどうかについては、お許しいただいて、このようにMOOCは、いつでも、どこでも、誰でも、学習できることを可能にしたのです。これも、ネットワークの長所なのです。

言うまでもなく、このMOOCで学習するには、相当の努力が必要です。当たり前ですが、ネットワークも環境や道具に過ぎず、それを活用する人によって、光にもなり影にもなることは、道具と人との基本的なあり方であることは、言うまでもありません。

まとめ

本章では、コンピュータを中心とする道具の使い方について、述べてきました。現代社会は、情報機器を核として多くの機器が出てきて、人々は否応なくそれらを使う必要に迫られました。情報機器は、文字通り情報を扱うので、人との対話を通して、機能するように設計されてきました。初期は、外国人と筆談するように、テキスト（文字）が中心でしたが、直感的にわかりやすいグラフィック（イラストや図などを含む表現法）に移ってきました。例えば、ゴミ箱アイコンを見れば、捨てる、という意味だと、直感的にわかりますが、このようなグラフィックの登場によって、専門家だけのコンピュータから、誰でも使うパソコンになって、市民権を得てきました。やがて、この情報機器は、あらゆる製品の中に組み込まれ、コンピュータがなければすべてが止まってしまうくらい、現代社会の基盤となってきました。社会のすべての機能が、情報化に向かって加速し、駅の切符はほとんどが自動改札に代わって触れるだけで済み、銀行員がいなくても夜間でも用事が済み、買い物も現金を持たなくてカードで済ませ、車はカーナビによって地図を見なくても済み、飛行機の予約もネットででき、大学は休講のお知らせをネットで行い、電車の中でもスマホで勉強できるような時代になってきました。

よく言われるように、その情報は、光にもなれば影にもなり、プラスにもなればマイナスにもなり、薬にもなれば毒にもなります。それは、その情報そのものに価値があるわけではなく、どう扱うか、どう活用するか、によって、正しい方向にも逆方向にもなるわけです。したがって、情報を正しく扱う能力が、人に求められているわけで、それを文部科学省は、情報活用能力と名付けたのです。その情報活用能力には、実践的に道具を使う技能も、科学的に内容を理解する能力も、情報社会に正しく参画する態度も、含まれています。現代社会で、情報機器や道具や技術に背を向けて生活することは、きわめて難しい時代になっています。その意味で、正しく情報を活用する能力は、一般社会人にとっても必要な能力と認識されています。情報活用能力は、情報リテラシーとも呼びますが、それは、現代社会で生活する以上、必須の能力と言う意味で、情報の読み書き算とでも呼ぶべき、リテラシーとしての位置づけとなったのです。

本章で述べたことを、以下のようにまとめておきます。

①情報機器は、現実社会において必要な道具として、活用されています。

学校教育では、平均値の求め方や成績の集計などは、算数や社会科の資料などで学習しますが、例えば、1000人の生徒の10教科の平均値や集計などを求めることはありません。それは、平均値や集計の意味などの理解が主なねらいであって、実際に求めることは、その次として、重要視してきませんでした。というより、教科のねらいが、異なるからです。しかし、現実社会では、理解しただけでは問題解決したことにはならないのです。そこで、道具が発明されて、解決手段として活用し始めました。学校教育が、社会に出てもつながるように、教育課程が改変されて、情報手段としてのコンピュータを積極的に取り入れるようになったのです。

②統計教育も、学校と社会をつなげる意味で、学習指導要領に導入されています。

数学と、統計の学問的な考え方は、基本的に異なります。数学は、決して矛盾のない論理体系で出来上がっていますが、統計は、現実社会で役立つような指標などが作られて、問題解決をすることがねらいになっています。このように、学校と社会をつなげる改変が、いろいろな分野で見られるようになりました。

③情報機器を活用する技能と同時に、その仕組みの理解も重要な能力として、認識されて、学習指導要領に記述されています。

仕組みと書きましたが、ハードウェアやソフトウェアだけでなく、社会における役割も含めた、広い意味での情報活用能力を育成するという趣旨です。現代社会では、実際に使える、操作できるだけでなく、何故コンピュータの動作が遅くなったのか、動かなくなったのか、家庭でのネットワークの仕組みは、どうなっているのか、銀行のオンライン化、交通システムはどうなっているのか、などの理解も含めた幅広い能力の育成を目指しています。

④ネットワークによって、情報機器は、大きく社会システムを変えようとしています。

ネットワークは、文字通りコンピュータなどの情報機器をつなげた仕組みですが、情報機器には、人間の、知識・知恵・価値観・アイデア・研究成果など、玉石混交ですが、宝の山のような情報が蓄積されています。このような情報を、ネットワークで結ぶことによって、新たな価値を創造することができます。例えば、MOOCのような、いつでもどこでも誰でも学習できるシステムや、リカレント教育などです。その活用についても、情報活用能力が、必要になってきます。

第4章 AIと付き合う

これからの社会では、ＡＩがますます広がると予測されますが、これまでの道具と、何が違うのでしょうか、それは、教育とどのように関わっていくのでしょうか。

データを扱う

図1をご覧ください。私が、2017年にアメリカのデンバーに調査研究で訪問した時、EdTech関連の展示会場で見た画面の例です。EdTech展示会については、第2章でオーストラリアの例を紹介しましたが、同じような内容です。これは、高校生1人を対象にしたWebサイト例です。図1の下段は、ある一人の生徒のホームページの画面です。肖像権と著作権の関係で、写真、個人情報がわかりにくいように提示しています。

はじめに、この生徒一人一人に、ホームページがあること自身が、驚きでした。そのような手間のかかる仕事は、日本の高等学校ではしないだろうと、直感的に思いました。そのホームページをたどると、下から上に、個人の学習計画、プロジェクト計画、形成的評価、となっています。実は、もっと多くのページがあるのですが、複雑なので、ここでは省略します。このサイトは、生徒も先生も書き込んだりしていると思いますが、実に多くの情報が書き込まれています。それも日や週や月によって、情報が追加されています。したがって、膨大な情報が蓄積されているのです。

しかし、よく考えてみると、同じような情報を、日本の高校生もノートで処理しているかもしれません。個人の学習計画は、あまり重要視していないかもしれませんが、これは大切なことなのです。ある高等学校では、生徒に大きめの手帳を持たせて、時間割の欄に、宿題、課題、次の授業までに調

図1

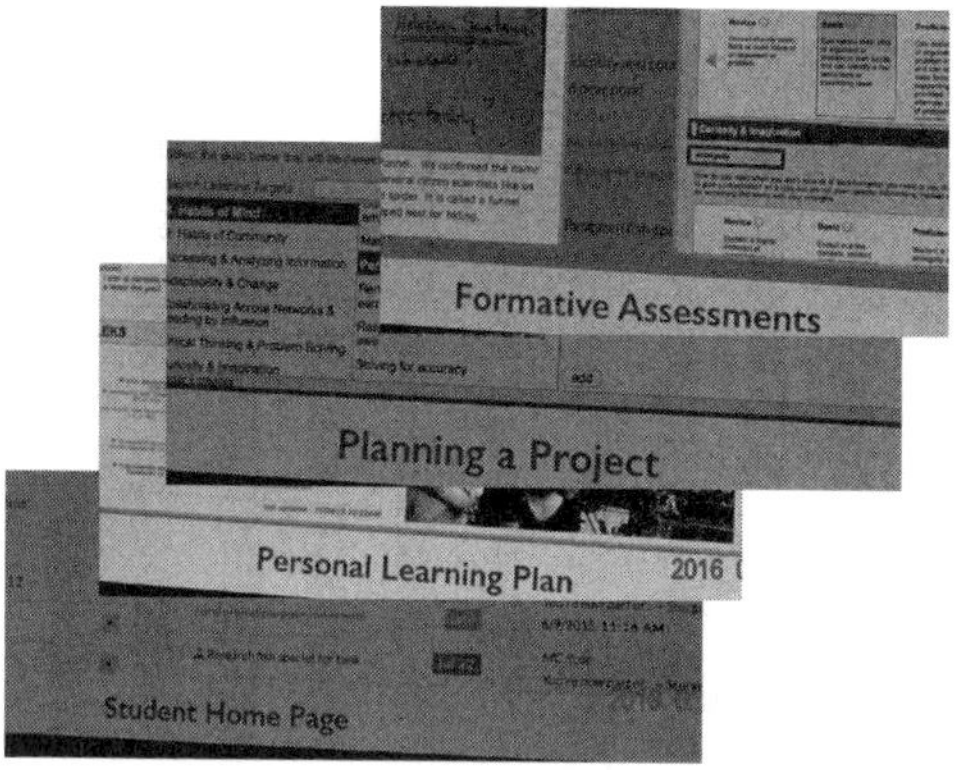

べておく内容、自分で気づいたこと、などを記入させています。この大きめの手帳に書き込むことで、生徒自身の態度に大きな変化がみられ、成績が向上したという報告を聞いたことがありました。これには、理由があります。手帳に書き込むためには、手帳を見なければなりませんが、その時、昨日はどうだった、1週間前はどうだった、明日はどうしようか、2週間後の定期試験の準備をどうしようか、など誰でも思うでしょう。そのような思いは、手帳を見たから生じたのです。見ること、それは、自分を振り返ることです。もっと、こうしたらよいな、とか、ともかく何か気が付くのです。それは、学びに向かう力と呼んでもいいでしょう。

　実は、その高等学校で、私が、シラバスと手帳の活用について、講演したことがありました。大学では、シラバスはどの教員でも学生に提示しなければなりません。シラバスは、何月何日の授業では、このような内容で、このような課題があるとか、準備するものはあるかないか、評価はどうするか、など講義科目の計画のことです。図1では、個人の学習計画に相当します。手帳は、私個人では、予定はもちろん、その日に気づいたことなど、書きこんでいます。つまり、計画と振り返りのための手帳なのです。手帳は、絶えず見て、その日の行動をチェックしますので、予定と振り返りに適しているのです。

このように考えると、図1の計画・実行・評価のPDCAサイクルが元になっていて、それを個人のホームページに書くという仕組みになっていることがわかります。さらに、プロジェクト計画などは、ネットにあったほうが便利だとわかります。複数の生徒が協同でプロジェクトを遂行するとすれば、その状況をネットでお互いに見ることができます。同時に、教員も進行状況を確認することができます。また、形成的評価とは、学期末試験のような成績をつける目的の評価ではなく、どう改善すればいいか、という目標に向かって、知識や技能や理解を形成していくプロセスを評価することが目的です。特に、プロジェクトでは、何が正解かわからないことが多く、試行錯誤で進行する場合、そのプロセスが重要で、相談に応じて教員がアドバイスを与え、授業時間だけでなく、家庭からでも相談する必要が生じるので、どこからでもアクセスできるWebサイトが便利なのです。

日本でも、このようなプロセスを評価することは、かなり一般的です。総合的な学習で、数人のグループで課題を探求する場合は、正解はないので、どのように探究したか、その過程が重要です。商店街に調査に行ったり、インタビューしたり、実験したり、などの過程では、写真を撮ったり、メモをとったり、録音したり、というファイルと記録が必要で、それをグループでどのように話し合ったか、そのまとまった資料や記録が重要な役割を果たします。その資料や記録は、ポートフォーリオと呼ばれますが、元々は、まとめておくファイル箱のようなものです。研究や実験をする時は、関連する文献、写真、資料、データ、話し合った記録、実験メモ、などが必要で、これらをまとめて、ファイリングしますが、そのことです。近年では、写真もデジタルカメラかスマホ、記録もパソコンで、文献もインターネットから、のようにすべてデジタル化されているので、図1のように、すべてをデジタルでポートフォーリオを作って、Ｗｅｂにアップしておけば、どこからでもアクセスできるので、便利なのです。

このように考えると、図1は自然な学習システムだと気が付きます。これまで、日本では、あまり記録するとか、ファイルするとか、という意識が低かったような気がします。それをコンピュータによって、膨大なデータもファイルすることができるようになったので、学習に応用したと言えます。このような仕組みは、e-ポートフォーリオとかデジタルポートフォーリオとか呼ばれます。つまり、これまでデータという観点では、それほど注目してこなかったのです。学習の中心は、教科書であり、学習指導要領であり、という観点が強かったのですが、その学習指導要領において、子どもたち自身が課題を見つけ、探求し、解決すると、明記されたので、まるで子どもたち自身が教科書を作るようなプロセスを経ることになり、その過程の中で、学習の仕方を身に付けるというねらいになった時、どうしても、文字だけでなく、上記のような多様な情報を必要とするようになり、膨大なデータを蓄積し保存し活用するために、コンピュータや近年ではクラウドによって、いつでも、どこでも、アクセスできる情報環境の整備が求められるようになったのです。

お医者さんモデル

クロンバックという学者は、アメリカの心理学者として有名ですが、統計学ではクロンバックのα係数、教育心理学では適正処遇交互作用（ＡＴＩ）が、よく知られています。この用語を聞くたびに、私は、お医者さんを思い起こします。お医者さんは、必ずカルテを使います。カルテを見て、この症状なら、この血液検査の結果なら、このレントゲン撮影結果なら、というデータを元に問診をして、この人にはこの薬がいい、この人は入院の必要がある、などの判断を下すのです。カルテは、一人一人ごとにすべて異なります。これまでの本人の症例や両親や身内の病気歴なども参考にしながら、総合的に、かつ個人的に処方を選択して、治療をするのです。ある人には薬でいいが、別の人には手術のように、違うのですが、それは、カルテというデータに基づいて、最後は、お医者さんの経験知も含めて、総合的に判断するからです。

教師と医師は、よく似ています。どちらも、相手を良くする、生きる方向に導く、などの目標があり、そこには、技術だけでなく、経験知も必要で、かつ倫理が必要です。しかし両者を比較すると、医師は、科学的な方法で患者さんに接しているイメージがあり、教師は、直感的に経験的に子どもに接しているように、見えます。薬は、動物実験などを経た科学的な実証がないと使ってはいけないし、もちろん医師の免許が絶対条件ですが、その免許を取得するには、大学も6年間という長い期間で勉強しなければならず、大学入試も最難関なので、優秀な人材が医師になっているというイメージがあります。教員のほうは、それほど優秀ではないが、真面目で、子どもにやさしく、道徳的に大変優れている、というイメージで、信頼してよい、ということが、教員を測る尺度のような気がします。医師の方は、ともかく腕が確か、という技術や技能を、評価する傾向があると思います。しかし、先のクロンバックは、教師も、個々に対応すべきだと、主張したのです。処遇（Treatment）とは、処方箋のことです。教師は、40人を相手に、一斉授業で知識を伝え、対話しながら、ある目標に導きますが、一斉授業に対応するような一斉診断は、病院の中に無いことは明らかで、必ず個別に対応します。その患者さんに最も合った処方をするので適正（Aptitude）であり、その処方も、患者さんの症状によって異なるので、処方と症状は関連し合っている、つまり交互作用（Interaction）があるので、適正処遇交互作用（ＡＴＩ）と呼ばれているのです。

現代の教育には、お医者さんモデルをもっと取り入れるべきだと、私は思っています。教育も科学

図 2

の要素をもっと取り入れるべきで、それには、データに基づく判断も必要だと思っています。もちろん、教育は科学だけではありません。先に述べたように、総合的で経験的で倫理的な要素が必要ですが、それは、医師も同じです。科学データに基づきながら、総合的に診断しているのです。そうでなければ、コンピュータだけで済むことになりますが、そのようなコンピュータだけに頼る医師は、世の中で批判されていることは、よく知られている通りです。

もちろん、学校現場では、一斉授業の中でも、個別に対応することが多く見られます。新学習指導要領においても、「**主に集団の場面で必要な指導や援助を行うガイダンスと，個々の児童の多様な実態を踏まえ，一人一人が抱える課題に個別に対応した指導を行うカウンセリングの双方により，児童の発達を支援すること**」と述べられています。図2は、墨田区第一寺島小学校の一斉授業における個別指導の光景です。

このような個別指導においては、先のアメリカ・デンバーの事例のように、個々の子どもたちのカルテがあると、的確に指導ができます。データをもっと活用する、これが、人工知能（ＡＩ）の基本的な考えといってよいと思います。このことについては後で述べるとして、今日に注目されている人工知能（ＡＩ）とどう向き合うか、について次に述べます。

チューリング・テスト

はじめに、図3と図4を、ご覧ください。ビデオで撮影して写真にしたので、不鮮明なことは、お許しください。これは、私が、ドイツ・ベルリンのギムナジウム（中高一貫校）を訪問した時の光景です。実際に訪問したという証拠でもあるので、その様子がわかるように、写真を掲載しています。2000年11月29日で、かなり寒い日だったと記憶しています。高校生向けの情報科学の科目で、興味深い授業を参観しました。図3左の写真では、生徒の前にコンピュータがあって、図3右のように、生徒がLINEのような電子的対話（チャット）をするのです。二人の生徒が指名されて、一人が質問を出して、もう一人の生徒は、それに答えるのですが、その時、その生徒は自分で答えるかプログラムが答えるか、選ぶことができるようになっています。その事例が、図3右の画面例です。「アメリ

図3

図4

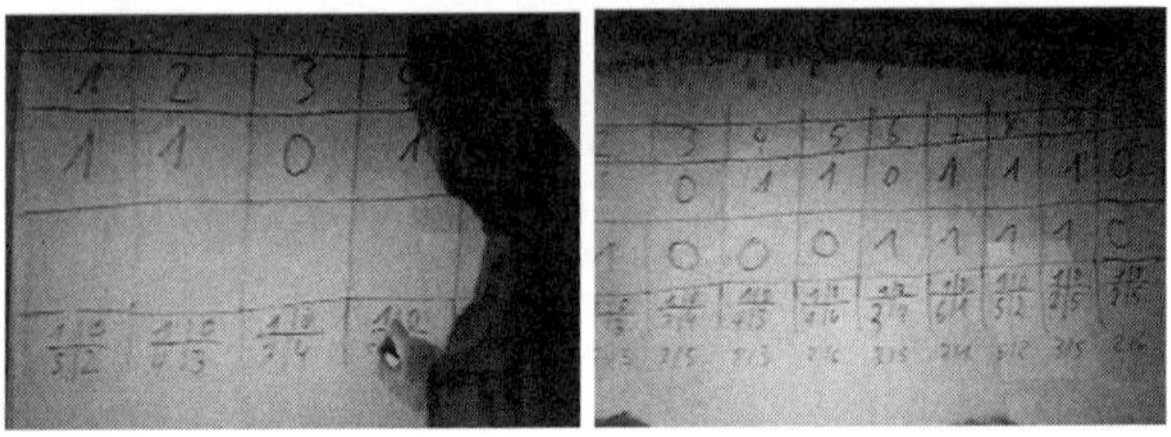

カ大統領の選挙について、君は、どう思いますか」という質問に対して、「すみませんが、情報が不足しているので」と答えていますが、この答えは、生徒なのかプログラムなのか、を他の生徒たちが推測するのです。選択科目なので10人くらいの少ない生徒数でしたが、その結果が、図4です。

図4左は、結果を先生が白板に書き込んでいる光景ですが、1、0の記号は、1がプログラムの答え、0が生徒の答えで、結果の表が下段で、例えば1回目では正解が1で、1と判断した生徒数が5人、0と判断した生徒数が2人となっています。2回目も同様に、1が4人、0が3人となっています。図4右が、その全体の表です。2人の生徒を別の生徒のペアにして、合計20回の試行を行った結果ですが、実は、半分程度しか正解できなかったのです。でたらめでも半分なので、正しい判断がまったくできなかったわけです。な

お用いたプログラムは、ELIZAという簡単な対話型プログラムで、カウンセリング向けに用いられていました。このプログラムは、オウム返しのような返事しかできないプログラムでしたが、カウンセリングでは、きちんと聞いてくれる、ことが癒しになって、当時は広がっていました。いづれにしても、最も驚いたことは、人間が答えたのか、プログラムが答えたのか、区別がつかないという事実でした。

これは、チューリング・テストと呼ばれて、情報科学を勉強すれば、必ず出てきます。アラン・チューリングは、イギリスの数学者で、コンピュータの原型となる機械を作って、暗号を解読した人物として知られています。第2次世界大戦で、イギリスはドイツと戦争をしていましたが、ドイツ軍の間で交わされる暗号をなんとか解読しないと、イギリスはドイツに勝てない状況でした。暗号解読は、いわばイギリス国家の存亡をかけた大事業だったのです。天才数学者と言われたチューリングであっても、暗号解読は困難を極め、膨大な時間がかかります。そこでチューリングは、数学という記号の処理だけでなく、機械という道具を持ち込むことによって、現実の課題を克服しようと考えたのです。その機械が、コンピュータの原型だと言われています。イギリスがドイツに勝利する歴史の裏に、暗号解読が大きな役割を果たしたのです。

チューリングは、その後1950年に、計算する機械の知性という論文を書き、その中で、「機械は、考えることができるのか」と問いかけて、チューリング・テストという思考実験を提案しています。

図 5

A. M. Turing (1950) Computing Machinery and Intelligence. *Mind 49:* 433-460.

COMPUTING MACHINERY AND INTELLIGENCE

By A. M. Turing

1. The Imitation Game

I propose to consider the question, "Can machines think?" This should begin with definitions of the meaning of the terms "machine" and "think." The definitions might be framed so as to reflect so far as possible the normal use of the words, but this attitude is dangerous, If the meaning of the words "machine" and "think" are to be found by examining how they are commonly used it is difficult to escape the conclusion that the meaning and the answer to the question, "Can machines think?" is to be sought in a statistical survey such as a Gallup poll. But this is absurd. Instead of attempting such a definition I shall replace the question by another, which is closely related to it and is expressed in relatively unambiguous words.

そのテストが、先のギムナジウムの高校生の授業の内容なのです。もし、人間かプログラムなのかが区別できないならば、それは、プログラムは考えると言ってもよいのではないか、という提案なのです（図5を参照）。かくして、アラン・チューリングは、人工知能の父とも言われるようになりました。

　少し余談になりますが、この論文の最初の見出しに、「1. Imitation Game（模倣ゲーム）」と書かれていて、この中で、先のチューリング・テストについて、述べています。その見出しを題名にした「イミテーション・ゲーム」という映画が作られ、私がその映画を飛行機の中で見て、歴史の裏にあった暗号解読の事実や、彼の数奇な人生を知ったのですが、先のギムナジウムの授業参観と重なって、感銘を受けたのです。最後は悲劇的な結末でしたが、間違いなく、人工知能を語る上で、欠かすことのできない人物であり、チューリング・

テストは、きわめて興味深い実験なのです。今日では、ELIZAのような簡単なプログラムではなく、ニューラルネットワークを使ったプログラムが中心となり、人工知能は脚光を浴びているのです。

機械が学習するとは

本書は、人工知能（AI）を述べることが目的ではないので、ここでは簡単に触れておきます。ニューラルネットワークという用語を、読者の皆さんは、聞かれたことがあると思います。ニューロンは脳細胞で、ネットワークは、そのニューロンがつながっているという意味です。つまり、脳の仕組みですが、この脳の仕組みをコンピュータに実装しようと考えたのです。それは、すごい発想だと驚嘆するしかありません。コンピュータはプログラムで動くことは間違いないのですが、そのプログラムは、アルゴリズムと呼ばれる方法が元になっています。コンピュータは、このようなカタカナ語が出てくるので理解しにくいのだ、とよく言われます。その通りですが、ニューラルネットワークは、アルゴリズムとはまったく正反対と言ってもよいのです。

アルゴリズムによるプログラムは、よく流れ図で表現されます。高校生が授業を受ける時、面白い授業ならば、じっとよく聞き、面白くない時は、寝て、時間が来れば、教室から出ていく、などは、フローチャートで書けます。それは、流れを表しているからです。料理の仕方も同じです。味噌汁の作り方では、始めに鍋に水を入れて、野菜などの具を入れます、グラグラしたら味噌を入れて味見をしますなど、いくつかの手順があります。このような流れを作って、コンピュータに実装すれば、コンピュータで味噌汁ができます。電気炊飯器は、このようなプログラムが組み込んであるので、美味しいご飯が炊きあがるのです。こうすれば必ずこうなる、という手順を表したもの、それはアルゴリズムであり、フローチャートであり、その流れに基づいてプログラムが作られて、コンピュータや多くの製品の中に、組み込まれているのです。

しかし、AIの元になっているニューラルネットワークは、その基本が異なります。それは、人間の脳がモデルになっているからです。詳細は省きますが、例えば、人は何故言葉を話せるようになったのでしょうか。日本人は、誰でも日本語を話します。物心がついた時から、多くの言葉を耳から聞き、いつの間にか、話せるようになっています。その時、私たちは、文法を知って、その文法に従って、考えながら話すでしょうか。そうでないことは、誰でも納得します。チョムスキーなどの言語理論は脇において、経験的に考えてみましょう。「私は、今日、学校に行きます」という文章を、「私は」が主語で、「今日」は副詞で、動詞の「行きます」を修飾していて、」というような文法を意識しているでしょうか。していないはずです。文法を意識すること、それは、先のアルゴリズムの考えに似ています。フローチャートのように、主語が「私」で、述語が「行きます」で、目的地が「学校」で、というように、分析して解読するので、文法という規則によって理解することになります。しかし、文法を知らなくても、日本人は、世界でも超難解な日本語を苦も無く聞き話せるのは、何故でしょうか。文法ではなく、多くの言葉を耳で聞き、口で話したからでしょう。小さいときは、「そのような言い方はいけません」と母親や先生から注意されたこともあるでしょう。ともかく、膨大な言葉を聞いたこと、何度も話したこと、時に注意を受けたこと、これが、データです。膨大なデータを聞けば、文法を知らなくても理解できること、これは、誰でも納得するはずです。かくして、膨大なデータ、つまりビッグデータが注目されるゆえんなのです。

このような人間の情報処理の仕組みは、脳の働きによるので、その仕組みをコンピュータに実装しようと考えたのは、驚嘆すべき発想だと、書いたのです。多くの人々は、例えば、100個の数字があって、その中から最も大きな数字を答えなさい、というような手順の組み合わせで正解することができるプログラミングの経験はあるでしょう。カードがあって、1枚ずつ取り出して、比較して大きな数字のカードを残し、そのカードと次のカードを比較して、大きな数字のカードを残す、という手順を繰り返す、というプログラムですから、手順だけ出来ているのです。

しかし、例えば将棋とか碁などで、次の一手を考える時、この方法では、膨大な手順数になることは明らかです。将棋で、次の一手が仮に最小の2手だとしても、最後の勝ち負けが決まるに100手位はかかるとすれば、2の100乗回、これは10の31乗回、つまり無限回に近く、とても計算不可能だということになります。アルゴリズムとは、そのような考え方なのです。冗談のような計算をしてみたいのですが、例えば、俳句です。「5・7・5」の言葉の組み合わせなので、「あいうえお」の50音の文字を順番に当てはめていけば、必ず名句が生まれるはずだ、ということになります。今日の世界最速のコンピュータで計算すれば、できるはずだ、と考えることはできますが、膨大な計算量になることは言うまでもありません。50の17乗なので、不可能としか言えません。意味のある言葉は大辞典のデータベースで、季語は登録しておけば、意味のある俳句だけ抽出することができる、と架空で考えても、誰もそのようなことはしないでしょう。

すると、将棋や碁で、人間名人を負かしたという方法は、何だという疑問が出てきます。それが、ニューラルネットワークなのです。アルゴリズムという基本的な考え方を捨てて、人間の脳を模倣しようと考えたのです。将棋の棋譜は、膨大にあります。それぞれの棋譜には、勝ち負けの結果が決まっています。これらの膨大なデータを、コンピュータに学習させるのです。学習という意味がイメージしにくいかもしれませんが、人間が耳で聞くように、目で見るように、データを脳に取り入れるように、コンピュータにデータを入力して、その結果である勝ち負けも、入力するのです。この方法で、コンピュータは自動的にどのような手が勝ちにつながる手か、負けにつながる手かが判別できるようになります。幼児は、何でも口に入れて、食べられるものと食べられないものを区別できるようになり、食べられるものの中にも、甘いもの、すっぱいもの、からいもの、などを区別していくようになります。このように、学習とは、区別することから始まります。ピアジェの認知発達の研究は、その過程を明らかにしていますが、そのような学習をコンピュータにさせようとしたのです。図6は、幼児が何でも口で噛んだり食べたりする光景の一つで、噛んでよいものといけないものの区別を学習しています。
いづれにしても、人間が考えるように、コンピュータが人工的な仕組みで学習するようになったのです。先に述べた、アラン・チューリングの「機械は、考えることができるのか」の問いは、現在のニューラルネットワーク技術によって、正面から答えようとしています。本書の性格上、AIの内容まで立ち入ることはできませんが、教育との関わりは、今後ますます重要になってくることは、言うまでもありません。

図6

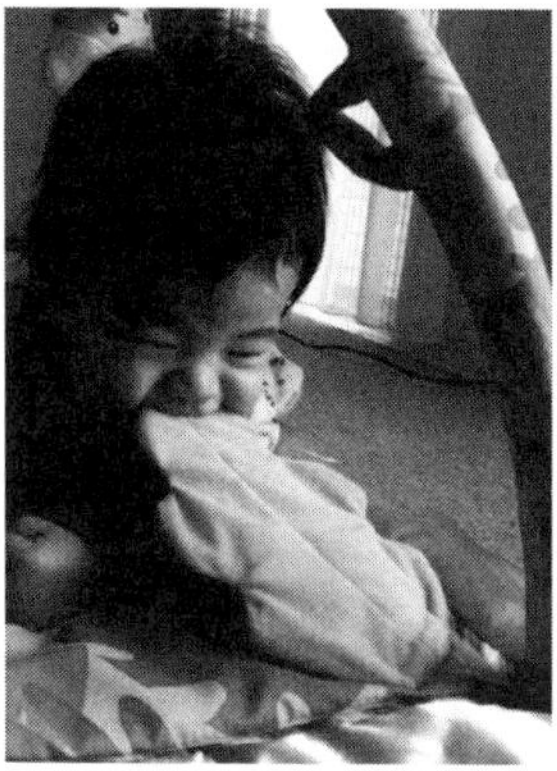

まとめ

本章では、AIと付き合う、という観点で、述べました。AIの分野がますます広がり、私たちの生活に大きな影響を及ぼすことは、間違いないでしょう。そのような時代にあって、どのように付き合っていけばいいのか、まだ正解は少ないように思います。新井紀子さんの「AI vs. 教科書が読めない子どもたち」（東洋経済新報社）で、ＡＩにできること、今の子どもたちに学習してもらいたいこと、を明確に述べていますが、今後ますますＡＩと教育についての研究と実践が必要になると思います。

新学習指導要領の解説編では、「**人工知能がどれだけ進化し思考できるようになったとしても，その思考の目的を与えたり，目的のよさ・正しさ・美しさを判断したりできるのは人間の最も大きな強みであるということの再認識につながっている**」と述べていますが、さらに実践的に検証する必要があるでしょう。

本章の概要を、以下のようにまとめます。

①教育においても、膨大なデータがありますが、いかに活用するかが今後の課題になります。

高校生の個人データを、計画・実行・評価の中でどのように活用するか、についてアメリカ・デンバーの事例を述べましたが、学校の情報は、紙だけでなく、写真・音声・動画など、多様なメディアで蓄積して活用しています。このためには、デジタル化・ネットワーク化・クラウド化などが、有効であることを示しました。それは、学習の目的が、成績の結果だけでなく、学習過程で発生する記録や資料や作品などを蓄積し、分析して、目的に近づける形成的評価のために、使われるからです。

②個別指導を実施する必要性は、一人一人を理解して適切な指導を行うためですが、そのためには、医師のカルテのようなデータが必要になります。

医師はカルテを使って、患者さん個人に応じた治療を行いますが、教育も同じように、個に応じた指導（ATI）を実施する必要があります。これからの時代には、ますます必要性が高くなりますが、そのために、患者さんカルテのようなデジタルデータの蓄積と活用が求められます。

③人工知能（AI）について、これまでのプログラムとは基本的に異なった、ニューラルネットワークを用いていますが、それは、人間の脳のモデル化です。

これまでのコンピュータプログラムは、流れ図のような手続きで記述しますが、ニューラルネットワークは、膨大なデータが元になっています。その処理の仕方は、脳が行っている仕組みを、コンピュータに実装したものです。この実装によって、コンピュータ自身が学習することができるようになりました。ピアジェの認知発達を考えれば、人間と同じように、学習が進化すると予想されます。

④人工知能（AI）は、どこまで人間に近づくのか、人間との違いをさらに明らかにして、AIとの付き合い方を探求する必要があります。

チューリング・テストを事例にして、機械と人間の思考の違いについて述べましたが、学習や教育との関わりは、まだまだ発展途上であり、いくつかの優れた文献はありますが、さらに研究と実践を積み重ねる必要があります。それは、これからAI時代を生きる子どもたちにとって、どのような資質能力を育てていけばよいか、が問われているからです。

第5章

プログラミング的思考を身に付ける

ＡＩ時代には、プログラミング教育が、さらに注目されると予想されますが、その教育は、これまでの教科と、どこが違い、何を求めているのでしょうか。

音楽の授業

私が初めてプログラミング教育の授業を参観したのは、つくば市の義務教育学校に勤めている佐々木香織教諭による音楽の授業でした。黒板に音符が貼ってあります。直感的にすぐわかりますが、音符の上下の位置は音の高さを、音符の左右の長さは音の長さを表しています。この音符にしたがって、歌ってもいいし、ピアノで弾いてもいいですが、それで曲が演奏されます。佐々木教諭のアイデアが素晴らしいのは、この音楽を、プログラミング教育として、とらえたことです。

音符は、音の高さや長さを表す、と述べましたが、それがプログラムの基本的な考え方なのです。プログラムとは、入学式のプログラムや、体育祭のプログラム、演劇のプログラムなど、いろいろな場面で使われますが、どんな内容なのか、その順番はどうか、を示したものです。先の音符で言えば、この高さで、この長さで、この順番で、歌ってください、演奏してください、と指示しています。その指示の進行表が、プログラムなのです。入学式では、開会の辞、校長先生挨拶、来賓挨拶などが続くのですが、そこに司会者がいて、その指示にしたがって、すべての活動が順序通りに動きます。先の曲も同じです。この楽譜は、その指示を与えていて、その指示にしたがって、演奏されます。

さらに、佐々木教諭は、この音楽の特徴について解説しました。この曲には、いくつかのまとまり、小節があって、いくつかの小節でできていること、ある小節は、繰り返して使われていること、など

図1

を説明していましたが、確かにその通りです。曲がすべて違うことはありません。そうであれば、曲を覚えきれません。音楽でも、盆踊りでも、歌詞でも、すべて異なるのではなく、繰り返して使うことが多いのは、人間の知恵かもしれません。繰り返すことで、覚えやすく、歌いやすく、なじみやすいことは、誰も実感しています。プログラム言語で書くプログラムも同じで、繰り返し（リピート文）がよく使われます。例えば歩く動作をプログラム言語で書くときは、右足と左足を交互に動かすことを、繰り返す、という方法（アルゴリズム）で表します。

　さらに、曲は小節でできていますが、これも興味深い方法なのです。例えば、スクラッチなどのプログラム言語で、ネコのキャラクターが、端から端まで歩いて、途中で別のキャラクター、例えば、人と出会ったら、立ち止まって、そのまま歩き、もし犬だったら、逆転して戻る、というようなプログラムを書きたいとします。始めから、右足と左足を交互に動かす、などのプログラムは書かないでしょう。細かすぎて、全体が見えないからです。それよりも、前に歩くプログラム、逆に戻るプログラム、出会うプログラム、相手が人の場合のプログラム、犬の場合のプログラム、などのように大きく把握して全体を表し、その上で、まとめるという方法です。この考え方が、先の小節と同じなのです。車の運転の仕方も、始動する時は、エンジンをかける、ガソリンの量を確認する、ウインカーを出す、右左を確認する、などのように細かい動きではなく、車を動かす、信号に従って運転する、左右に曲がる、などのように大きく掴んで、運転しています。それぞれには、細かいステップがありますが、それを始めから考えないで、大きく掴んで、それぞれを次にプログラムする方法です。論文でも、背景、研究方法、データ分析、結果、考察などのように、大枠を把握して、それぞれについて書きますが、同じ考え方です。このように、順序にしたがって指示する、繰り返す、まとめて表す、などの特徴があります。プログラミングでは、それぞれ、順次処理、繰り返し、分割、などと言います。

さらに付け加えると、ある小節には、次に別の小節を組み合わせることで、聞きやすい曲になったり、ならなかったりします。この小節には、あの小節が続く、というように、作曲家の頭の中で試行錯誤しているはずです。それは、もしこの小節ならば、あの小節というような、条件に応じて、変化する考え方とも言えます。先のネコが歩いて、人に出会ったら、そのまま歩く、犬に出会ったら、来た道を戻る、と同じです。車の運転では、信号が赤ならば止まり、青ならば動く、と同じです。これは、条件分岐と言われますが、どこでも見られる考え方です。さらに、重要な考え方があります。

曲を聴いて、どうも自分の考えた通りではない、イメージが違うことはよくあるはずです。その時は、曲を直すことになります。というよりも、一回でイメージ通りだった、ということはほとんどないことなので、修正するほうが普通です。このことを、プログラミングでは、修正、デバッグなどと言います。デバッグとは、バグは英語で虫のことで、デバッグは虫取りと言われ、プログラムの誤りを直す、つまり修正する作業のことです。よく知られていますが、コンピュータの初期は、真空管で作られていたので、虫が飛んできて、エラーを引き起こしたからだと言われています。

少し解説が長くなりましたが、音楽の曲には、プログラミングの基本的な考えが、ほとんど含まれています。この授業では、「自分のイメージに合った曲に、編曲（デバッグ）しよう」がねらいでした。音楽ソフトを使って、曲を聴きながら、グループで編曲の活動をしていました。この授業を参観した時、これは音楽であると同時に、プログラミングの授業でもある、と思ったのです。だから、今でも印象強く思い出します。というより、プログラミングの考え方は、どこにでも存在すると言った方が、正確です。そのことを、別の事例で述べます。

自由さと難しさ

次の実践は、東京都の石神井特別支援学校の技術の授業で、担当は、中田智寛主任教諭と海老沢穣指導教諭でした。このプログラムがよくできていて、先生が紙で説明しています。画面に出ているように、自分の好きなハンバーガーを作ろう、というテーマでした。ハンバーガーは、当然ながら、上下のパンで食材を挟んで作ります。上下のパンの間にある食材は、自由に選べます。写真の下段に、ボールを置く透明な箱があります。子どもたちは、その箱に、自由にボールを選んで入れていきます。しかし、自由と言っても、ルールはあります。上下だけは、パンでなければならないという制限ですが、その制約以外は、自由です。例えば、卵、レタス、ミート、チーズなど、それぞれには、色が対応していて、その色のついたボールを選んで、自分のハンバーガーを作ります。子どもたちは知的障害児でしたが、進んで前に出て、わいわい言いながら、活動していました。参観者の私たちは、出来上がると、拍手をしましたが、子どもたちの顔の表情は、一転します。破顔一笑とはこのことか、と思うぐらい、喜んでいました。

子どもたちの喜びは、自由に食材を選べる自由さにあるのではないか、と思いました。プログラミングでは、この通りでなければならない、ということはありません。１００個の数字の中から、最大の数字を求めなさい、という平凡なプログラミングの課題でも、その方法は、一つだけではなく、い

図2

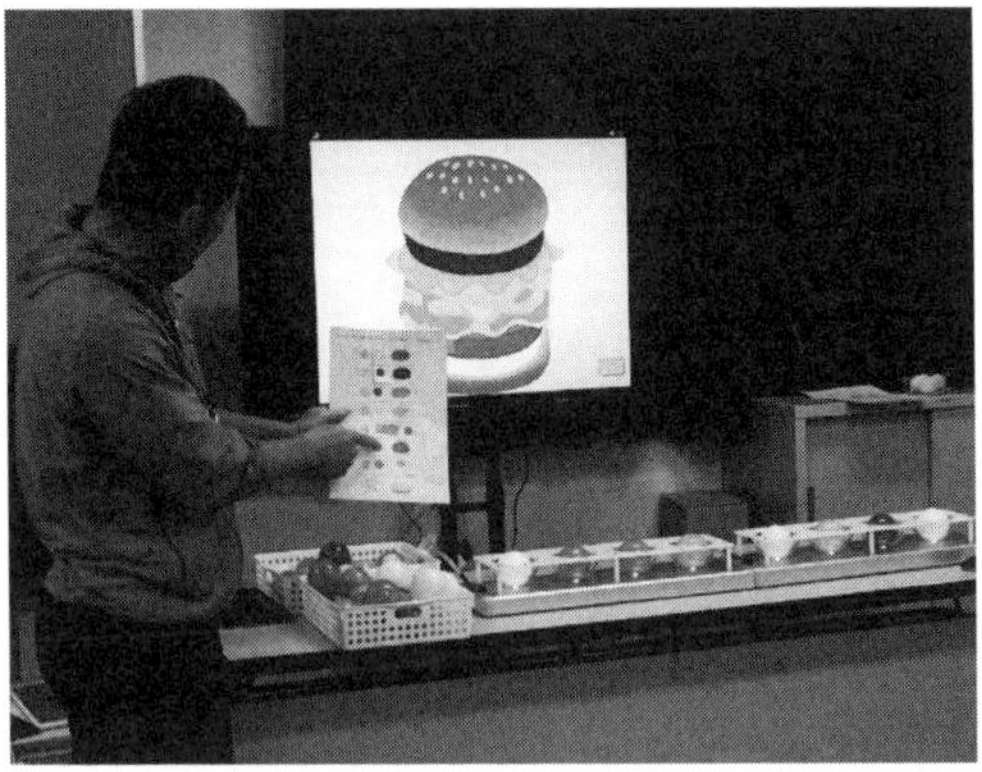

ろいろな方法があります。自由だから、自分のアイデアや考え方が活かせるのです。自分のアイデアが活かせるから、面白いのです。それは、やさしいからではありません。難しくても、面白いのです。

プログラミング教育の素晴らしさは、ここです。私は、総務省の「若年層に対するプログラミング教育の普及推進事業」に2016年、2017年と関わってきましたが、どのプロジェクトも、子どもたちが、「難しいが、面白い」と発言していると、報告していました。その通りです。問題がやさしいから、先生にほめられたから、褒美をもらえたから、面白い、と言っているのではないことに注意してください。例えば、図3の写真をご覧ください。これは、先の総務省のプロジェクトの一つで、愛知県豊橋市植田小学校での実証事業です。訪問した時、コードモンキーという言語を用いて、プログラミングの課外授業をやっていました。画面の右

図3

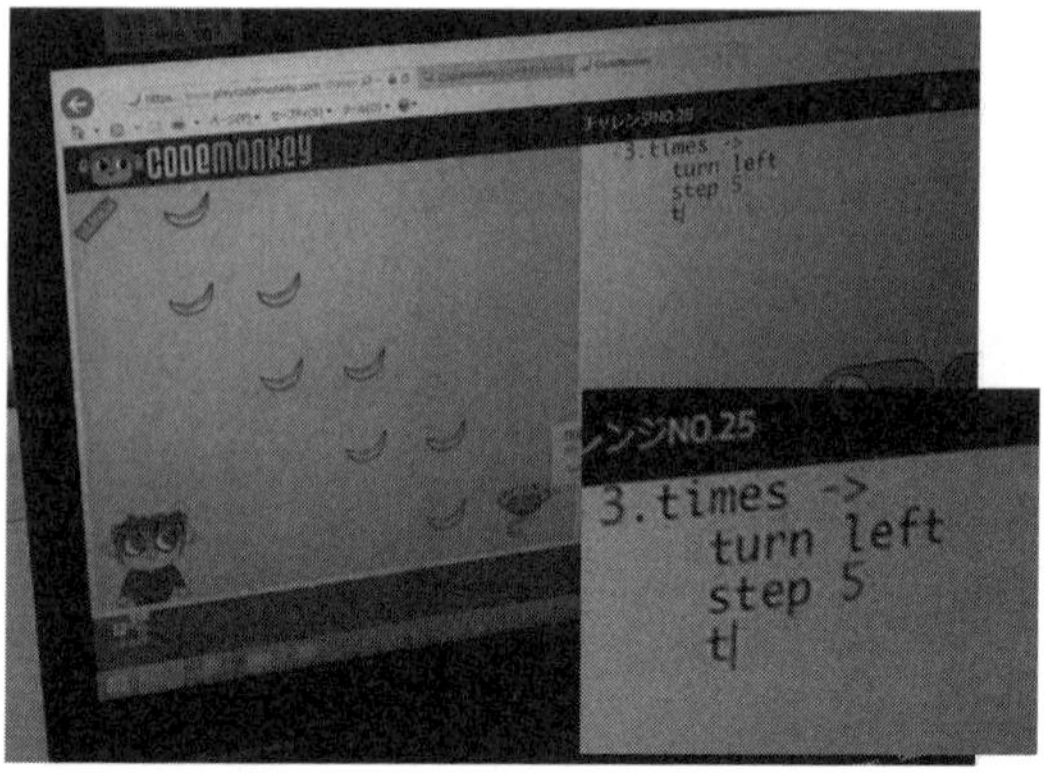

下にモンキーがいて、このモンキーがバナナを取るプログラムを作るのですが、そのプログラムがわかるように、右下に拡大して示しています。およその意味はわかると思いますが、左を向いて、5歩進んで、次に、たぶん右を向いて、でしょうが、その処理を3回繰り返す、というプログラムです。左の画面を見れば、確かにバナナを取るプログラムであることがわかります。ただし、3回の繰り返しでいいのかどうか、図で見ると4回のような気がしますが、子どもたちは、プログラムを実行して、もし間違っていたら自分でデバッグするので、教師が、ここが間違いだよと、事前に教えなくてもいいのです。自分で気付くから、面白いのです。教えられて修正することと、自分で気づいて修正することは、雲泥の差があります。

写真では、チャレンジNo.25と書かれていますが、文字通りチャレンジするのですが、人に言われてではなく、自分がチャレンジするから、面白いし、自由で、やりがいがあるのです。チャレンジという用語が示すように、多くの課題があって、それは階段のように、だんだん難しくなっていきます。難しい課題は、多くの方法があります。この写真のように、繰り返し文を使わない別の方法もありますが、例えば、すべてステップを書くなどの方法も自由なのですが、子どもが、こちらの方法がいいな、と気付くことが重要なのです。プログラマーは、このプログラムはエレガントだ、などのように言います。それは、美しさ、のことですが、人は誰でも美しいものに憧れます。エレガントなプログラムを見ると、引き込まれますが、少しオーバーに言えば、うっとりさせるような魅力を持っています。プログラムだけでなく、すべての作品には、この美しさがあって、人はそれに惹かれ、それを真似ようとして、服装でも髪型でもしぐさでも商品でも、流行するのではないでしょうか。この課外授業での子どもたちは、そのエレガントを感じているので、飽きないで挑戦していたのです。土曜日の午後に、この実証事業は行われて、文字通り時間を忘れて、3時間がアッという間に経ってしまいました。

繰り返しますが、やさしいから、先生がほめてくれたから、3時間も夢中になっていたのではないのです。難しいから、そこに美しさを感じたから、やりがいがあったから、子どもたちは取り組んでいたのです。それは、子どもたちが、面白さの意味を、始めて知ったから、つまり面白さの意味を発見したからです。子どもたちにとって、発見という言葉がふさわしい活動だったのです。ある小学6年生の子どもが、この1年間を振り返って、最も楽しかったのは、難しかったけれども、プログラミングの授業だった、と言い、ある高校生は、プログラミングの科目をもっとやってほしい、と言っていました。このことは、プログラミング教育だけでなく、すべての授業にも言えることではないでしょうか。

忘れ物をしないために

つくば市はICT教育やプログラミング教育でよく知られた市ですが、その一つに、小学1年生の総合的な学習の時間で、「忘れ物をしないために」をテーマにした、中村めぐみ教諭の実践があります。子どもたちに、忘れ物をしないようにするためには、どのようにすればいいか、問いかけます。そして、その答えを紙に書いた子どもの一つが、図4です。

これは、流れ図です。この順番にやっていけば、忘れものをしない、と考えたのですが、1年生らしい文章を読むと、心が温まるような気がします。まず、家に帰る、明日の準備をする、時間割を見る、連絡帳を見る、と続きますが、その通りです。時間割を見なければ、連絡帳を見なければ、準備ができません。それは、当たり前のことかもしれませんが、論理的な思考なのです。あることをするには、前提として、このことが必要だ、という関係を把握することが、論理的思考につながります。

家庭教師を考えてみます。分数の掛け算の問題をやっていて、もし間違っているとき、そうか、この子は、その前提となる分数の足し算引き算を理解していないのだから、そこまで戻ってみようと考えるのは、前提条件との関係を考えているからです。それでも難しければ、そもそも分数の意味がわからないからだと考えたりするのは、その前提条件まで戻っているからです。

この子どもは、明日の準備のために、時間割を見ますが、時間割も前提関係を考えて作られています。朝1時間目から体育というわけにはいかないで、昼食後は眠くなるから、午後の始めの時間とか、同じ曜日に、体育や音楽など続けて授業するわけにはいかないので分散するとか、自由の中にも、前提関係を考えているので、これも論理的な思考が伴います。教室の掃除をする時、始めから床を雑巾がけではなく、ゴミをホウキではいてからでないと、掃除にならない、しかし、窓ガラスや黒板の雑巾がけは、前提関係がないので、並列で掃除できるとか、学校生活でも日常生活でも、前後や因果などの関係を考えながら、物事の処理を知らず知らずに行っていますが、それも、プログラミング教育での論理的な思考が働いているのです。

中村めぐみ教諭の実践を知ったのは、私が東書教育賞の審査員をしており、2017年の優秀賞に、この「忘

図4

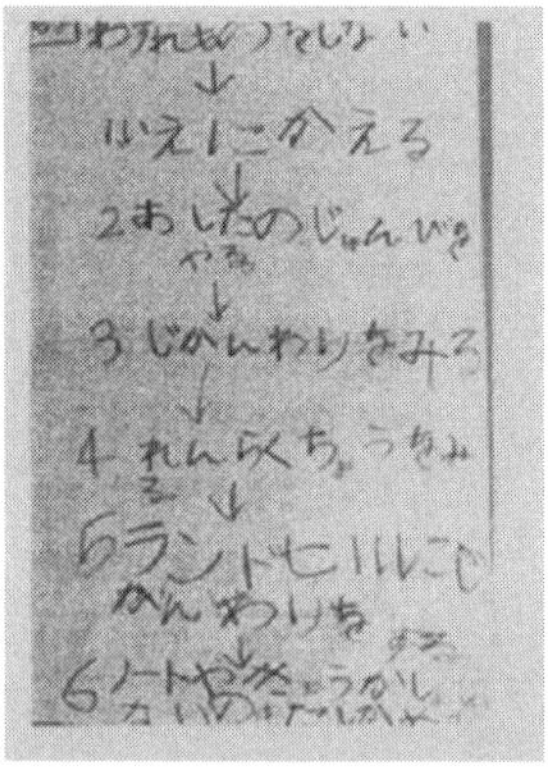

れ物をしないために」が選ばれたからです（第32回（平成28年度）東書教育賞」受賞論文、東書教育賞Ｗｅｂサイト）。この実践で学んだのは、プログラミング教育の元になるプログラミング的思考は、コンピュータを使わないでも、日常生活でも実践している思考法だということです。ここで改めて、プログラミング的思考を、掲載しておきます。

「自分が意図する一連の活動を実現するために、どのような動きの組合せが必要であり、一つ一つの動きに対応した記号を、どのように組み合わせたらいいのか、記号の組合せをどのように改善していけば、より意図した活動に近づくのか、といったことを論理的に考えていく力」（文部科学省Ｗｅｂサイト）

先の音楽の例では、意図することとは、自分のイメージに合った作曲であり、音符の組み合わせは、動きの組み合わせであり、曲を修正したり編曲したりするのは、記号の組み合わせの改善であり、そして、これらの一連の活動には、論理的思考が働いていることは、作曲でもハンバーガー作りでもコードモンキーでも、忘れ物をしないために、でも、すべて含まれています。このように、考えてみると、この論理的な思考力は、日常生活に求められる論理的思考力と言えます。ジャネット・ウイングが、プログラミング的思考の元になるComputational Thinkingの考えを提唱したのは、2006年でした。彼女は、この思考法は、３Ｒと言われる、読み書き算に加えて、４番目のリテラシーだと提唱していますが、確かにオーバーではなく、コンピュータが組み込まれていない商品やシステムがないと言っても過言でない現代社会では、誰でも身に付けるべきリテラシーと言えます。

プログラミング教育における論理的思考とは

小学校からプログラミング教育が必修になりましたが、その実践はまだ少ないですが、いろいろな先駆的な文献はあります。その内容は膨大なので、一つだけ挙げておきますが、先に述べたつくば市の実践事例の本です（つくば市総合教育研究所「これならできる小学校教科でのプログラミング教育」東京書籍）。このような実践の背景として、そもそもプログラミング教育で学ぶ論理的思考とは、どのような思考なのかが、明確になっていなければなりません。

論理的思考と言われると、数学などは誰でもすぐに思いつく、きわめて論理的な思考を必要とする教科ですが、もしプログラミングと数学が同じ論理的思考ならば、あえてプログラミング教育を実施する必要は、どこにあるのか、という問いです。理科も同じです。理科は自然科学なので、実験を行って科学的に証明された結果でなければ、学校で教えるわけはありません。きわめて論理的な思考を必要とする教科です。社会科を考えてみると、グラフや数表が提示されて、このグラフや数表から何が言えるだろうか、と考察をします。これも、きわめて論理的な思考です。国語で、「私は今朝寝坊したので、走って学校に行きました」と聞けば、誰でも納得しますが、「私は今朝寝坊したので、ゆっくり歩いて学校に行きました」と聞けば、何を考えているのだ、と納得できません。それは論理的でないからです。俳句などは文学なので論理的思考とは遠い世界ではないかと思うかもしれませんが、テレビなどで専門家が解説している光景では、確かに論理的思考が働いていることに気が付きます。このように考えると、プログラミング教育だけが論理的思考を求めているのではなく、また理数教科だけでなく、国語や社会も論理的思考を必要とすることが、わかります。

したがって、プログラミング教育で求める論理的思考とは何かが、求められるのです。この実践によって、子どもたちが身に着けるのは、どのような能力か、という問いです。この問いに詳細に答えるのは、本誌の目的を超えるので、結果と概要だけ述べることにします。詳細は、(赤堀侃司「プログラミング教育の考え方とすぐに使える教材集」ジャムハウス)をご覧ください。結果の一部を、図5に示します。

この図は、既存教科と情報のテスト得点の相関関係を表したものです。少し説明が必要ですので、簡単に述べます。大学生60名を対象に、テストを実施しました。そのテスト問題では、小中学校の問題を選びましたが、その得点と情報の得点と比較したのです。情報の問題が重要ですが、2種類を用意して、情報・流れ図と情報・設計図と名付けました。流れ図はよく知られていますが、例えば、この問題では、「果物を買いにスーパーに行く。りんごかみかんのうち安い方を買うことにする。ただし、スーパーが休みなら家に帰る。」という文章を流れ図で表すという問題です。情報・設計図のほ

図5

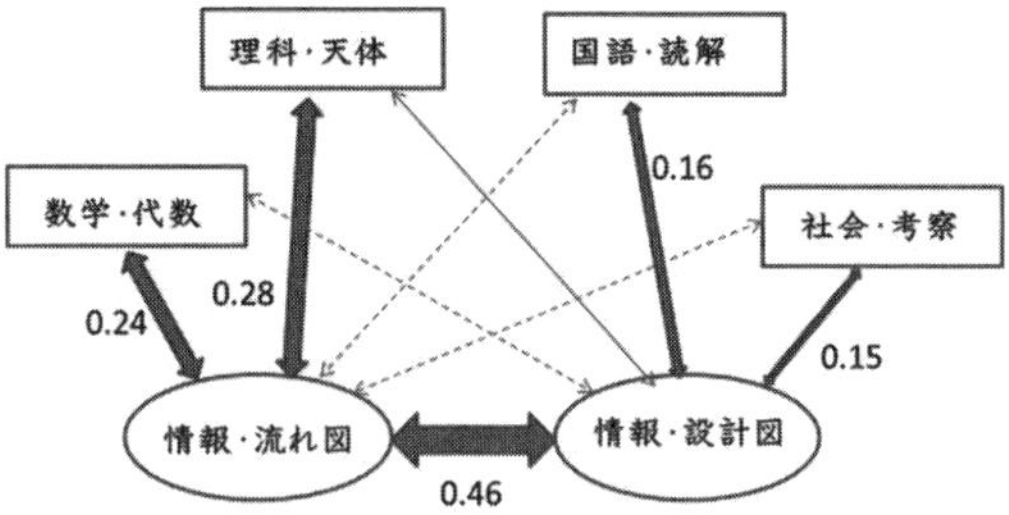

うが、少し複雑です。図が必要なのですが、紙幅の関係で省略します。駅の自動キップ販売機の画面があったとして、その画面を設計する問題です。お客さんの要望に応じて、画面1から順番に表示される画面4までの設計です、と言ってもイメージしにくいかもしれません。例は異なりますが、例えば、先に家庭教師の思考について、解説しましたが、分数の掛け算の問題のコンピュータ画面を設計するとします。子どもが解けなかったとき、どこが間違いかを知らなくてはなりませんので、例えば、その次の画面では、分数の足し算や引き算の問題を提示する画面を出します、それで出来たら、確認するために、類似問題を出します、と言うように、学習者や利用者の解答や能力や要求に応じて、画面を設計する問題なのです。この2種類の問題、情報・流れ図と情報・設計図の得点と、他の教科の得点との相関を調べたのです。

その結果である図5を見ると、驚くほど、きれいに相関図が分かれています。最も大きな相関は、情報・流れ図と情報・設計図です。情報・流れ図は、数学・理科と相関があり、情報・設計図は、国語・読解や社会・考察と相関があります。統計的な検定は示していませんので、統計的に有意差があるのかと問われれば、情報・流れ図と情報・設計図の間の0.46だけ相関が有意ですが、他の有意差はありません。ただ、統計的有意差とは、例えば、二つの比較の検定では、有意確率が0.95なら有意差があり、それ以下では、有意差がないと言われます。論文などではそれでいいですが、例えば、有意確率が0.80なら有意差がないのですが、日常生活では、それは差があるという感覚があります。今年の夏は例年に比べて暑かったという場合、計算していませんが、統計的には20％の危険率があるので、今年は例年に比べて暑かったとは言えない、ことになります。この言い方の方が正確ですが、人の感覚では、もし有意確率が0.80ならば、暑かったと言ってもよいでしょう。細かいことは省きますが、ここでは統計的な意味で相関があると言っていないことを、お断りしておきます。

いづれにしても、情報・流れ図は理数教科と相関があり、情報・設計は国語や社会の教科と相関があるのです。すべてが、理数教科ではないことが、興味深い結果だったのです。何故でしょうか。それは、先に述べたように、どの教科にも、論理的思考が含まれているからです。コンピュータ関連の企業に就職して、システムエンジニアやプログラマーになるのは、何も理工系出身だけでなく、文科系や社会科学系なども多いことを考えれば、確かにこの結果通りなのです。では、この0.46の相関は何でしょうか。流れ図を書く課題と、設計をする課題には、高い相関があるのです。それは、例えば、数学の代数の問題と図形の問題の得点間に、相関があるようなものです。物理の問題と天体の問題の得点間に、相関があるようなものです。その理由は何かと聞かれれば、代数の問題と図形の問題には、どこか似た論理的思考を求めているからだ、としか言いようがありません。同じように、物理の問題と天体の問題は、どこか類似の論理的思考をしているからだ、というしかありません。それは、一言で論理的思考と呼ぶよりも、数学であれば、数学的思考、理科であれば、科学的思考と呼ぶ方が、自然です。その意味では、情報は情報的思考と言ってもいいのです。それが、Computational Thinkingであり、プログラミング的思考と呼んでいる思考と言えるのではないでしょうか。つまり、情報には情報としての見方・考え方があるのです。その見方・考え方は、他の教科とも関連性を持っています。それは、どの教科も論理的思考を必要とするからです。この意味については、先に述べた通りですが、それを模式的に表すと、図6のようになります。詳細は、先に紹介した私の本を参照してください。

ただし、私の個人的な意見では、これからの社会、特にＡＩの時代においては、情報の設計能力がより重要ではないか、と思います。何故なら、プログラム作成は、ＡＩの進化によって、自動的に生成できる可能性が高いからです。この意味で、国語の読解力や、社会の図やグラフを見て、総合的に考察する能力が、より重要になると思われます。

日本は、教科におけるプログラミング教育と、新学習指導要領に明記されていますが、それも意味があるかもしれません。諸外国のプログラミング教育は、独立教科・科目がほとんどです。日本は、

図6

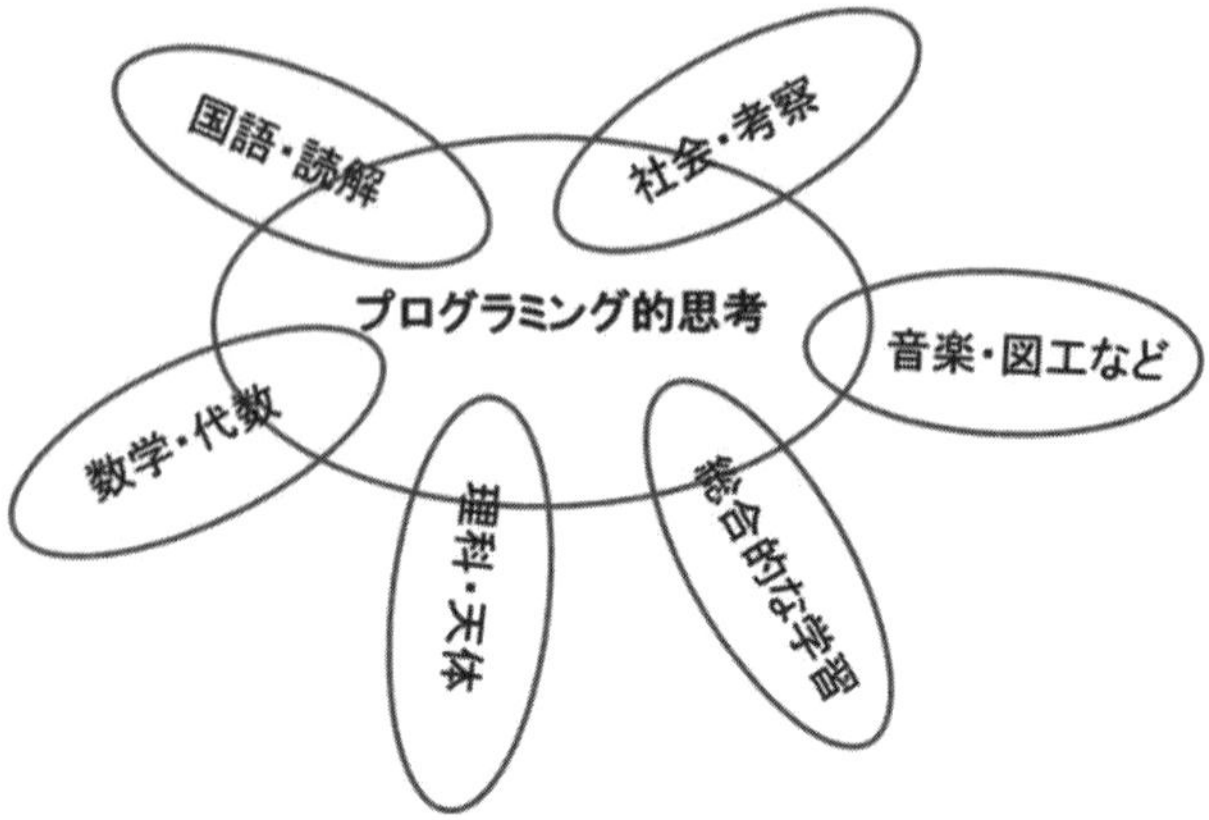

他の教科と組み合わせるクロスカリキュラムになっています。これが難問で、教科の目標とプログラミング的思考の両方の目標を達成しなければならないので、その考え方やカリキュラム・マネージメントが難しいからです。教科の時間数は、学校教育法施行規則や学習指導要領で決められています。したがって、プログラミングにかかる時間は、教科や総合的な学習の時間の中で確保しなければならないので、議論になっているのです。その他にも、いろいろな課題がありますが、ここでは省略します。

まとめ

プログラミング教育は、小学校学習指導要領解説編では、次のように記述されています。

「小学校においては，教育課程全体を見渡し，プログラミングを実施する単元を位置付けていく学年や教科等を決定する必要がある。なお，小学校学習指導要領では，算数科，理科，総合的な学習の時間において，児童がプログラミングを体験しながら，論理的思考力を身に付けるための学習活動を取り上げる内容やその取扱いについて例示しているが、例示以外の内容や教科等においても，プログラミングを学習活動として実施することが可能であり，プログラミングに取り組むねらいを踏まえつつ，学校の教育目標や児童の実情等に応じて工夫して取り入れていくことが求められる。」

この記述からわかるように、算数、例示として正多角形の単元、理科、例示として、電気の単元、および総合的な学習の時間、さらに他の教科でも実施することが可能と、書かれています。これが、教科におけるプログラミング教育というクロスカリキュラムの記述なのです。その実践を見ると、以下のようないくつかの特徴が見られます。

①音楽と組み合わせたプログラミングの活動のように、教科の中にも、プログラミングの特徴である、順次処理、繰り返し、条件分岐などが、見受けられます。それは、音楽だけでなく、ダンスにも料理にも掃除の仕方にも、ほとんどの日常生活の中にプログラムの考え方が反映されています。

②それは、プログラム言語を使ってプログラミングするだけでなく、音符を使った音楽、体の動きによるダンス、食材を使った料理などのように、表現手段は異なっていますが、その方法や思考方法

は同じだと言えます。

③ したがって、プログラミング言語を覚えることが目的ではなく、自分の意図することを、論理的に考えていく思考方法が重要だということになりますが、その考え方を、日本では、プログラミング的思考と呼んでいます。

④ プログラミングでは、特に、デバッグという考え方が重要で、物事を改善するプロセスを体験することによって、子どもたちは難しいけれども面白い、感じています。それは、学ぶことの本質的な意味に気が付いたという意味で、発見と呼んでもいいのです。

⑤ 日本は、教科におけるプログラミング教育というクロスカリキュラムになっていますが、これも意味あるカリキュラムと言えます。その理由は、プログラミングという活動は、他教科と相関があるからです。

⑥ プログラミングや情報には、情報的な見方・考え方とも呼ぶべき論理的思考があると考えられます。したがって、この思考は、日常生活でも必要なリテラシーとか資質・能力と考えてもいいのですが、文部科学省では、情報活用能力として表現しています。

⑦ プログラミング教育では、プログラム作成だけでなく、プログラム設計や情報デザインに、より注目すべきと思われます。その理由は、ＡＩが進化すれば、プログラムの自動生成が可能になるから

です。これからの時代には、ＡＩにはできない、子どものデザイン能力を育成することが大切だから
です。

第6章

学習形態を変える

ＡＩ時代には、教室の形態は、これまでと変わるのでしょうか、現在でも、かつての教室風景とは違っているように思われますが、その背景は何でしょうか。

スクールサポートの活動

学校と職場は、机の配置や仕事の環境が違うことは、誰も知っていると思いますが、何故だろうかと考えたことは少ないのではないでしょうか。学校、特に教室のイメージは、黒板があって前向きに机があって、その机もきちんと縦横に揃っていて、整理されているイメージです。整理されていない教室は、どこか心が乱れているようだと、オーバーではなく、感じます。職場は、どうでしょうか。ざわついていて、動いていて、会話が飛び交って、特にテレビなどで映し出される報道室は、いかにも活動している部屋と感じます。それは、学校が勉強する場、職場が仕事をする場、として認識されているからです。学校は知識を持つ教師から知識を持たない生徒へ知識を伝える役割があることは、当然です。しかし、近年この考え方自身が変化してきました。伝えるだけではなく、知識を創出する役割が求められるようになってきました。知識を生み出すには、一人だけではできません。何人かで話し合いながら、知識を確かめながら、違いを理解しながら、ゴールに向かっていくスタイルなのですが、そのような環境や机の配置は、先の教室とは異なる配置になるでしょう。職場の机の配置は、少なくとも全員が前を向くという形態はほとんど見たことがありません。向かい合わせになっています。それは、話しやすいからで、すぐに相談しやすいからです。

図１

図1をご覧ください。下の写真は、講義室です。上の写真は、学生が自由に学習できるラウンジです。これは、栃木県小山市にある白鷗大学の校舎の例ですが、このような学生ラウンジのような配置の教室が増えてきました。講義室も必要で、そこでは学生や子どもたちは教師から知識を得るという目的があります。一方、学生ラウンジは、学生や子どもたちが主体です。パソコンを持ってきて自由に調べたり、グループで相談したりすることが目的です。つまり、教師からか、自分たちからか、という違いがあります。

このようなことは当たり前ではないかと言われそうですが、学ぶ目的によって、環境が異なるということです。先の白鷗大学の紹介は、私が教育学部に勤務していたからですが、この大学では、近隣の教育委員会と連携して、スクールサポートという制度を実施しています。教育実習は、教員免許を取得するには必修の科目なので、どの学生も学校現場に行って実習をして、学校の先生方の指導を受けるのですが、このスクールサポート制度は、そのような実習を、平常の時間に行うのです。学生は、朝から夕方まで授業を受けているわけではなく、空き時間や空き曜日があったりしますが、その空き時間を利用して、大学と契約した市町村の学校に出向いて、先生方の手伝いをするのです。その手伝いは様々で、教材を作ることもあり、事務仕事を手伝うこともあり、授業の補助をすることもあり、テストの採点をすることもあります。いわば、先生方の助手です。これは、学生と学校教員の双方にとって、価値がある活動なのです。

働き方改革が問われる現在、学校教員はきわめて多忙な時間の中で授業を行い、事務仕事をこなし、テストを採点し、給食指導を行い、クラブ活動の指導をするのですから、そこに教育学部の若い学生が補助につけば、こんなに有難いことはありません。逆に、学生にとっては、生きた勉強ができます。講義で、観点別評価について勉強したが、実際はこのような方法で実施しているのか、発達障害について講義を受けたが、実際のADHDの児童は、このような行動をするのか、という生きた教材が目の前にあるのです。現実は、このようになっているのだ、と頭の中で知識と実践が結びつくのです。それは、第1章で述べた、学校と社会の知識のギャップを埋める働きをしています。双方がwin-winの関係になるのです。スクールサポートは希望者制ですが、年毎に参加者数が増えていきました。それは、教員採用試験に効果的だったからです。

教育学部の学生は、教員になることを目指して入学してくるのですが、教員になるためには、教員採用試験に合格しなければなりません。筆記試験のような知識を問う問題であれば、受験勉強をすればいいのですが、面接試験や小論文形式の問題は、受験勉強だけでは間に合いません。経験していること、実践を知っていること、現場の感覚を持っていることが、重要な要素になります。例えば、「教員は子どもたちとコミュニケーションしなければなりませんが、あなたは、どのようにコミュニケーションをしますか、1000文字程度で書きなさい」というような小論文が課されたとします。

さて、どう答えますか。便利な世の中になっているので、このような問題については、典型的な解答を書いた解説本や受験参考書があります。あるいは、教員採用試験のための講座を開講している大学もあります。それでは予備校と同じではないか、と私は思っていたので、私自身はそのような授業や補習を行ったことはありませんが、しかし現実は、このような試験が課されるのです。教員採用試験も、年毎に優秀な学生を確保したいので、覚えているだけ、知識だけの問いは少なくなって、その学生の能力をテストする方向になっているようです。例えば、面接では、「大学生活で悩んだことは何ですか、それをどう解決しましたか、そこで得たことは何ですか、今後どのようにその教訓を教育に活かしますか」など、知識ではなく、その人自身の能力や生き方、人柄などを問うのです。それは、生きた人間を相手にする学校教員には、必須の能力だからです。

先のコミュニケーションを問う、小論文の問題に戻りましょう。教科書や解説書ではない回答は、その学生の経験や実践に存在していると言えます。それは、学生がどのようにスクールサポートの経験を受け止めていたかに、依るのです。スクールサポートは、数日や1週間のような短い期間ではなく、1年間以上の長い期間、学校に通うので、そこには様々な出会いや感じることがあるはずで、感じないとしたら、それは学生が本気でない証拠です。学生ではなく、私自身の経験を述べましょう。

かなり昔のことでしたが、ある中学校を訪問したことがあります。放課後に校内研修会に呼ばれていたのですが、年末が迫った日で、北風が首の襟に吹き込んで、ずいぶん寒い日だったと記憶しています。その中学校の玄関に近づいていたら、ちょうど2学期終了の日だったのか生徒全員で大掃除をしていました。学校の正門近くの排水溝の掃除を、先生と生徒たちが静かに一緒にやっている姿が目に入りました。校長室に入るために、いくつかの教室の前を通るのですが、どこか違う印象を受けました。教室の掃除も、先生と生徒が一緒になってやっており、雑巾で拭き掃除をしていましたが、妙に静かなのです。後で、校長先生に聞いたら、掃除は黙って行うのがこの学校の方針だということでした。当時、この掃除の方法が流行っていたようですが、黙って掃除をすることで、先生と生徒のコミュニケーションがうまくいくようになったと、校長先生から聞いたのです。全員が何をするのかがわかっていなければ、全員に了解されていなければ、黙って掃除はできません。声を出さないのですから、教員も指示だけするわけにはいかないので、教員自らも拭き掃除をするのです。すると、水の冷たさが身に沁みます。生徒と同じ目線になり、生徒も教員も同じ冷たさを味わっているのだとわかり、コミュニケーションができたのだと想像できます。黙ることで、言葉以上にコミュニケーションできるとすれば、それは優れた指導法です。このように実践知に気付くので、先のスクールサポート制度は、教員採用試験に対して効果を上げる要因の一つになったのです。受験だけを目指すことよりも、より学生に有益な活動だということは、理解されるでしょう。

サービス・ラーニングとは

第5章で、小学校でのプログラミング教育について紹介しました。その中のいくつかの実践は、総務省の「若年層に対するプログラミング教育の普及推進事業」に参加して授業見学したものでした。この実証事業の特徴の一つに、メンターの育成があります。メンターとは、指導者とか助言者という意味ですが、プログラミング教育では、どう指導したらいいかが難しく、プログラミング経験がない教員が多いという課題がありました。そこで、この実証事業では、指導者や助言者としてのメンターを雇って実施するという仕組みを作り、その効果やノウハウを蓄積する目的がありました。そのメンターに、専門家のプログラマーを雇うわけにはいきません。そこで事業体では、地域ボランティアや退職教員を雇ったりしていましたが、多くは大学生や専門学校の学生を雇っていました。雇うという用語が適切なのかどうかわかりませんが、多くの場合、ボランティアが多かったのです。先の白鷗大学のスクールサポート制度と、ほぼ同じ仕組みです。

メンター制度の導入で、いくつか興味深い知見がありました。学生の感想を聞くと、「自分がすごく勉強になった、素晴らしい体験だった、ものすごく意義があった、何か自分が変わった、子どもから教わった」という普段の教室での授業とはまったく別の感想だったのです。学生を派遣した大学の指導教員は、その変化に驚いて、これはボランティア活動ではなく正規の授業の一環として単位認定すべきだ、という議論になって、科目認定をする大学まで現れたのです。さらに、メンターになった学生たちが、「教える必要はなかった、教えなくても、子どもが気付くことがほとんどだった」と述懐していました。学生達は、自分がメンターになって、講義ではわからなかった多くのことに気が付いて、その知見も指導法の本質であったり、自分の生き方まで触れるような発言であったり、教室では得られない体験をしたのです。実は、このような学習方法は、サービス・ラーニングと呼ばれています。アメリカが発祥の地ですが、日本の学生も、地域に出て行って活動をすることで、自分を振り返ることができます。

先の講義室の写真のように、教室での授業も重要ですが、地域に出ていく活動も大切だと、考えられています。それは、サービスだからです。それは、人に役立って、価値が生まれるという認識に立つからです。第3章の道具の使い方で、私の論文の引用数について紹介しましたが、それは、論文を自分の研究のためだけ、自分の昇進のためだけ、という自分だけを念頭においた研究は評価されず、他人の論文に引用された数で評価される、つまり他にどれだけ役立ったのか、が価値を持っているということです。確かに、後世において評価される研究もありますが、現在の研究業績の価値観は、このような基準になっています。この視点で、サービス・ラーニングを考えてみると、この活動の意味がわかります。大学生である自分が、子どもたちに役立っているという感覚が、「ものすごく意義があった」という言葉になったのです。

総務省のプログラミング教育では、小学高学年生が低学年生のメンターになるという報告もされて、大きな学習効果を挙げています。また、つくば市立みどりの学園義務教育学校では、いくつかの先駆的な実践をしていますが、小学5年生が、低学年向けに、プログラミング言語のスクラッチの手引書を作った、と報告しています。学校と保護者の許可を得て、図2に学校ホームページのコピーを示します。この学校のキャッチコピーが、「世界のあしたが見える学校」であり、ＡＩ時代の明日を見ているのです。私は、実際に、子どもたちの発表を聞きましたが、5年生が、自主的に手引書を作ろうと思ったと聞いた時、何か、これからの日本は大丈夫、新しい時代を生き抜いていける、という輝くような印象を持ったのです。小学生という目線で書いたテキストは、低学年の子どもにとっても、大人目線よりも、新鮮でわかりやすくなっているはずです。これは、学習にサービスの意味を持ち込んだ、とも言えます。学習とは、自分が、他から、知識を得て変容し成長することが、一般的な概念ですが、他にサービスする活動を通して、自己が変容し成長するという、もう一つの回路を追加したからです。

図２　５年生が下級生のためにプログラミングの説明書を作りました

５年生が自主的に、下級生のためにプログラミングの解説書を手作りしました。その名は「はじめてのスクラッチ」です。基本操作からやさしく学ぶことができるようになっています。今後内容をお知らせしますね。
すごいぞ！みどりの学園生！

「みどりの学園義務教育学校」ホームページより
https://www.tsukuba.ed.jp/~midorino/

このように、知識を受ける側から伝える側へ、自分のための知識から他人に役立つ知識へ、サービスを受ける側からサービスをする側へ、の転換が見られるようになりました。この転換によって、人は認識の仕方や意識が変わることに気が付いたのです。何のために勉強するのか、という問いに答えるようになったとも言えます。メンターの学生が、勉強する意義がわかった、という言葉です。

ある中学校では、総合的な時間で中学生が幼稚園に行って発表する時間を設けています。その活動では、グループで作品をパワーポイントで作ります。中学生は自分たちでパワーポイントの機能をすべて調べ上げ、使いこなし、見事なアニメーション作品を作り上げると言います。教員は、「何も教えることはありません、ただ、何かに役立つという意識さえあれば、すべては解決するのです」と言いました。プログラミング教育のメンターも、まったく同じことを述べていることは、先に紹介した通りです。中学生は、総合的な時間で夢中になって作品作りをしますが、その会話が面白く、「最初に、子どもを引き付けなければ意味がないよ、だから、ここはいきなり音をだそうよ」とか、「同じパターンでは、子どもは飽きるから、別の色使いをしたほうがいいよ」とか、少しでも手を抜いた作品を作るグループの中学生には、「ちゃんと作品を作らないと、幼稚園児に笑われるよ、子どもたちの喜ぶ顔が見たいだろう」など、まるで学校の教員のような内容だったと言います。つまり、受ける立場から与える立場に変換した途端、意識が変わるのです。

今、学習する環境が変わりつつあります。教室から地域へ、教室も講義室からグループ学習の場へ、受ける環境から議論する環境へ、という流れができつつあります。もちろん、講義室は必要で、基本的な知識がなければ何もできませんが、受けるだけでは新しい知識を創出できません。そのために、先の事例のように、幼稚園や小学校に、中学生や大学生が出ていく光景が見られるようになったのです。それは、教育の世界だけではありません。工学部の学生は、車椅子を作って介護施設に行き、農学部の学生は農家やＪＡに行って支援をし、芸術学部の学生は、地域の公民館などに作品を寄贈したり、講習会を開催したり、政策学部の学生は、自治体の課題に対して計画立案に協力したり、というように、広がりを見せているのです。それは、自分のためという世界から他に役立つ世界への転換によって、学習の考え方を変革しようとしているからです。

新学習指導要領では

2017年に告示された小学校学習指導要領解説編では、次のように述べています。

「「主体的・対話的で深い学び」の実現に向けた授業改善の推進

子供たちが，学習内容を人生や社会の在り方と結び付けて深く理解し，これからの時代に求められる資質・能力を身に付け，生涯にわたって能動的に学び続けることができるようにするためには，これまでの学校教育の蓄積を生かし，学習の質を一層高める授業改善の取組を活性化していくことが必要であり，我が国の優れた教育実践に見られる普遍的な視点である「主体的・対話的で深い学び」の実現に向けた授業改善（アクティブ・ラーニングの視点に立った授業改善）を推進することが求められる。」

今日、標語的に言われる「主体的・対話的で深い学び」の意味は、上記の通りですが、授業改善が求められていることが、わかります。それは、学校での学びを、生涯の学習に位置づけるというねらいがあり、そのためには、能動的な学びに変換する必要性を述べています。人生や社会の在り方と結びつけるということは、広く言えば、学校と社会を結びつけることでしょう。これまで述べてきた事例も、そのような在り方の模索とも言えます。社会には、実践という場があり、教室における教科書の世界とは異なる知識が存在しているからです。

かなり昔のテレビ番組で、認知症患者のニュースを取り上げていました。認知症は、現代社会の深刻な問題で誰でも遭遇する課題で、その解決に相当な時間がかかることは言うまでもありません。特に、認知症の親の介護については、肉親であるだけに感情が入るので、複雑な問題に発展することは、良く知られている通りです。介護の精神的・経済的な負担に耐えかねて、死んでもらうとどんなに楽になるだろうと思うのは、経験した人だけが共有できる感情かもしれません。親子だけに、そう思う自分に嫌悪感が走って、うつ状態になる人も少なくないと、メディアは報道しています。

ある家庭で親が、認知症、特に徘徊する認知症になり、目を離すとどこかに行ってしまうのです。交通事故や迷子、迷老人になったらどうしようか、と考えた娘さんが、87歳の親を実家から引き取って、自分の住むアパートの隣の部屋を借りて、住まわせました。仕事を持っているので、一日中付き添っているわけにはいかず、自分がアパートにいる間だけ、外出させて付き添うという方法を取ったのですが、徘徊する母親は、外から鍵を掛けられた狭い部屋に閉じ込められて、少しの時間だけ外に出られるという生活に嫌悪を感じ、娘さんに罵詈雑言を言い放すという毎日でした。まるで地獄のような日々で、娘さんは、仕方なく仕事も止めて悶々とした生活が続くと、母親と一緒に自分も死にたいと思うようになりました。ある日、もしそうならば、母親に思う存分徘徊させて、やりたいことをさせてから死んだ方がいいと考えたのです。すると母親は晴れ晴れとした表情で徘徊し始め、後をついていった娘さんも、踏切信号や交通量の多い横断歩道だけ手助けしましたが、後は母親の好きなようにさせた日々が続くと、薄皮をはがすように徐々に症状が回復していった、という報道だったのです。

これについて、専門家の医師がコメントしていましたが、たぶん医学実験結果では予想できなかったかもしれません。医学書は科学実験に基づいて、証拠を集めて診断するという科学的アプローチですが、この徘徊する母親の処置は、困りに困った挙句の処置だったのです。つまり、医学書が教科書だとすれば、娘さんの処方は、実践の中で得られた、というより、切羽詰まった状況の中で、そうせずにはおられない、そうでなければ死ぬしか方法がないという、処方箋だったのです。それが、今日、徘徊する親の処置として、医師も推奨していると報道していましたが、それは教室の中ではなく、実践や社会の中から得られた方法だということです。

先に、黙って掃除をすることで、言葉以上にコミュニケーションできるという、中学校の実例を述べました。これも、教科書には書かれていないでしょう。実践から、どうしたら掃除がうまくいくだろうか、雑談ばかりで掃除をさぼる生徒たちに困り果てた教師が、思いついた方法かもしれません。このように、教室での学習に加えて、社会や実践の場で学ぶには、環境を変える必要があります。教室の中でも、黒板に向かう机だけではなく、話し合い、相談し合い、どうしたらいいだろうか、と知恵を出し合う環境も必要ではないか、ということです。知識を受ける学習に対して、自分が表現する学習を、アクティブ・ラーニングと呼ぶなら、まさにその通りです。

グループで話し合う光景、自分はこう思う、私は違う考えだ、と話し合う光景は、社会の縮図と言っ

図3

てもよいのです。受けるのではなく、表現しているからですが、そこでの目的は、問題解決と呼んでもいいのです。この世の中は、問題だらけです。問題の積み重ねが日々の生活と言ってもいいし、その問題に出会い解決することが、生活そのものだと言ってもよいでしょう。ジョン・ディーイを持ち出すまでもなく、学校教育の目的を問題解決におくならば、それは、受ける授業形態から表現する授業形態に変える必要がでてきます。新学習指導要領のアクティブ・ラーニングの趣旨はそこにあると言えます。グループでの議論の光景はどこでも見受けられますが、白鷗大学での私のゼミの写真を、図3に示します。

小学校の授業に学ぶ

小学校の授業は、創意工夫に溢れていて、子どもの発達段階を踏まえて教材が作られ、教師の工夫によって理解させ、文字通りアクティブ・ラーニングを実現しています。国語の授業で、市町村のパンフレットを見て、その良さや特徴を見つけ、自分たちで制作しようという単元がありました。私は、この授業を見たのではなく、模擬授業に参加しました。参加ということは、自分が子ども役になって演じることです。教師役の先生がいて、その先生の指示にしたがって、授業に参画するのですが、グループ毎に市町村の現物のパンフレットが配布されます。市町村のパンフレットを意識して見た経験はありませんでしたが、言われてみると、その特徴を知ることは、言葉や写真やイラストによる表現を学ぶと言う意味で、優れた国語教材なのです。

小学校では、その認知発達から考えて、具体的な教材が必要です。手で触れ、目で見て、耳で聞いて、鼻で嗅いで、道具を使って製作するなど、五感のすべてを使いながら、脳に知識や概念を吸収するので、その具体性が必須の要素になります。この単元も、その通りで、教師は4種類のパンフレットを用意して、グループに配布しました。市町村役場に行くと、確かにパンフレットは無料で手に入ります。その特徴を知ることは、表現の学習になると同時に、郷土愛も育てることにつながります。図4は、その写真ですが、イメージはわかると思います。そして、市町村パンフレットにも、いろいろなデザインがあることに気が付きます。表紙がシンプルで、中身を見たくなるようなパンフレット、淡い配色で、秋を連想させるようなお酒とコップのある大人向けの表紙、若者を引き付けるような、しゃれたデザインで思わず観光したくなるような表紙、漫画チックで、優しさが溢れて、良き時代や幸せ

図4

を絵に描いたような表紙など、見る人の脳を刺激します。これらを、小学生はどう見るのだろうか、この作品から、小学生自身が、どのようにパンフレットの制作をするのだろうか、と考えました。中を見ると、いろいろな工夫が盛りだくさんで、バーコード、地図、歴史、生活の様子、観光地図、学校や公共施設の紹介など、市町村パンフレットは、このような工夫があるのだと、初めて知りました。この模擬授業に参加して、小学生が自分も作ってみたいという、ワクワクする気持ちが少しわかるような気がしました。じっくりとパンフレットを見たり、特徴を分析したり、制作者の意図はどこにあるのだろうかと考えたり、グループで議論をしていると、時間がアッという間に経ってしまいました。子どもは、このようなパンフレットを分析することはたぶん初めてなので、私と子どもの感じ方は、同じだと思ったのです。小学校の授業は、このように

引き付け、ワクワクさせ、いつの間にか学びになっていると感じたのですが、それは、文字通りアクティブ・ラーニングではないかと、思います。その意味で、私は、中学・高等学校の教員や大学・大学院の教員は、小学校の授業に学ぶことが必要なのではないか、と思っています。

このことは、教員も同じ環境だけではなく、別の視点や環境で学ぶ必要があると思っていますが、それは、私の経験から得た実践知とも言えます。

まとめ

新学習指導要領には、いくつかの重要なキーワードがありますが、「主体的・対話的で深い学び」やアクティブ・ラーニングは、その一つです。本章では、それを実現する手立てとして、学習形態や学習環境を変える考え方について述べました。新しく建築された学校を訪問すると、かつての学校のイメージとかなり異なります。

図5は、つくば市立みどりの学園義務教育学校ですが、その近代的な造りに驚きました。図の写真上は、職員室の光景で、先生方の机の上が、旧来の書類や教材で山盛りという光景とは一変して、机と向かい合う机の間に電源コンセントの口があるだけです。つまり先生方は、パソコンやタブレットを持って自分の机に座るのですが、仕事をするには電源が必須なので、このような配置になっている

図5

のです。そのためには、いつでもどこでもネットワークにアクセスできる環境でなければならないので、図の左下の写真に示すように、教室や図書館などには、天井に無線ルーターが設置されているのです。そして、図の右下の写真のように、教室は広い廊下とつながっていて、活動によっては、このように仕切りを開けて、グループワークがしやすくなっています。知識を受けるだけではなく、表現する活動をするためには、このようにオープンなスペースが必要になるからです。

企業の職場に行くと、この職員室のような机の配置がよく見受けられるようになりました。机が固定化されていないのです。パソコンだけ持って、ネットワークにつながれば、どこでも仕事ができるからです。それだけ紙の書類が不要になったのです。紙の書類を置く必要がなければ、固定机と自分専用の書類棚は不要になり、ネットワークとパソコンさえあれば、いつでもどこでも仕事ができるようになるからです。いずれ、スマホさえあれば、いつでもどこでも仕事ができるので、職員室さえ要らなくなるのかもしれません。地球上のどこでも仕事ができる環境は、一言でいえば、モバイルという考えで、固定化された環境に対する概念として、重要になるでしょう。

本章では、学習指導要領の重要なキーワードの一つである、「主体的・対話的で深い学び」やアクティブ・ラーニングを実現する要素として、学習形態や学習環境を変える意味について述べました。それを以下のようにまとめます。

①教室の学習形態や学校環境が、変わってきます。

大学も、教員が知識を伝え学生が知識を受けるための講義室の他に、学生が自由に議論したり協働学習したりする学生ラウンジのような空間がありますが、教育には、その両方の機能が必要なので、このような設計になっています。小中学校もオープンスペースが広がり始め、今日ではグループ活動などがしやすい設計になっています。また、無線ルーターなどの設置によって、いつでもどこでも情報にアクセスできる環境になりつつあります。

②学校と社会をつなげる活動も、見られるようになりました。

大学では、サービス・ラーニングと呼ばれて、自分たちの知識・技能を、世の中で役立たせるような活動が多く見られるようになりました。そこでは、教室の講義とは異なり、実践から学ぶこと、主体的になることを、意識するようになります。中学生が幼稚園に行って、子どもたちにアニメーションを見せるための教材制作を、総合的な学習の時間で行うと、受ける立場から表現する立場、つまり主体的な立場になった途端に、まるで教師のような発言となり、意識が逆転するようになりました。社会と関わり他に役立つという感覚が、生徒を主体的にさせ、学ぶ姿勢を変えたのだと考えられます。それは、「主体的・対話的で深い学び」やアクティブ・ラーニングを支える考え方とも言えます。

③実践から学ぶことも、重要な学習になります。

黙って掃除をする中学校の事例や、徘徊する認知症の母親の事例から、科学的な知見に加えて、このような実践から生まれた知見も、これからの問題解決に重要な示唆を与えてくれます。この意味では、職場体験も大切な学習活動になるでしょう。職場では、教室とは違った知識・技能や価値観を得るからです。

④小学校の授業では、多くの「主体的・対話的で深い学び」のヒントがあります。

小学校では、その発達段階を考慮して、具体的な操作や五感を使った活動が多く、文字通りアクティブな学習につながっていきます。ワクワクするような授業が展開されているので、中学校から大学までの教員にとって、小学校の教材や授業に学ぶことは多いと思われます。

第7章

知識を構造化する

ＡＩ時代においても、新学習指導要領の「主体的・対話的で深い学び」は重要と思われますが、特に深い学びに導くには、何がポイントなのでしょうか。

先天性心臓病の診断

古い文献で恐縮ですが、E・D・ガニエの著書を翻訳して出版したことがあります（赤堀侃司、岸学（翻訳）「学習指導と認知心理学」パーソナル・メディア、1989年）。530ページもある分厚い訳本でしたが、学校現場における指導法に認知心理学の知見がどのよう生かされるか、という興味深い本でした。その中に、先天性心臓病診断の研究がありました。といっても、医学の専門書ではありませんので、治療法の内容ではなく、医学生と本物の医師が診断を行った時、どのような違いがあるかを調べた研究でした。医学生と医師に、生育歴、身体検査、X線、心電図などの患者さんのカルテを見せて、診断してもらうのですが、そのカルテの検査項目について質問をしました。

先天性心臓病には、4種類あるそうですが、どの種類かを最後に総合判定してもらいます。医学生はよく勉強していますから、すべての検査項目に対して、的確に病気の候補を述べることができました。的確に、という意味は、医学生の判断と、本物の医師の判断が、ほとんど同じだったからです。例えば現在の血液検査では、タンパク量、尿酸値、血糖値、コレステロール値、赤血球、白血球などの数値を見て、どのような病気の可能性があるか、インターネットでも調べることができます。このように、個々の検査項目では、的確に医学生も答えることができましたが、決定的な差は、総合判定で生じたのです。医学生とは違った診断を、医師は下したのです。その理由は何かという問いが、この著書に記されていたので、今でも鮮明に記憶しています。

それは、興味深い結果であり、かつ納得のいく説明でした。本物の医師は、絶えず本物の患者さんを相手にして、仕事をしています。つまり本物を相手にしています。医学生もインターンシップの制度があるので、患者さんに接することはあるでしょうが、毎日ではありません。基礎知識を教室で勉強しますので、先の個々の検査項目には的確に答えることができたのですが、総合判定では間違えたのです。その理由は、個々には正解できても、その個々の知識が全体として構造化されていないからだと、説明したのです。

身近な例で言えば、個々の英単語は覚えていても、文章は書けないし、話せないという事情にも似ています。全体の構造ができていれば、そのリンクをたどって、因果関係を知ることができます。因果関係を知ることができれば、総合的に判定できます。

例えば、身近な例で恐縮ですが、「今日は、朝寝坊したので、走って学校に行きました」という文章を読めば、誰でもわかりますが、「今日は、朝寝坊したので、ゆっくりと学校に行きました」という文章は、誰も納得できません。それは、文章が論理的でないからですが、しかし、「今日は、朝寝坊したけれども、ゆっくりと学校に行きました」の文章を読むと、それは何故だろうと、考えます。何か原因があるだろうかと考えて、朝寝坊した原因は何だろう、昨晩にSNSなどで寝不足になっているかもしれない、テレビの深夜番組を見たかもしれない、病気かもしれないなどの原因が想定でき

図1

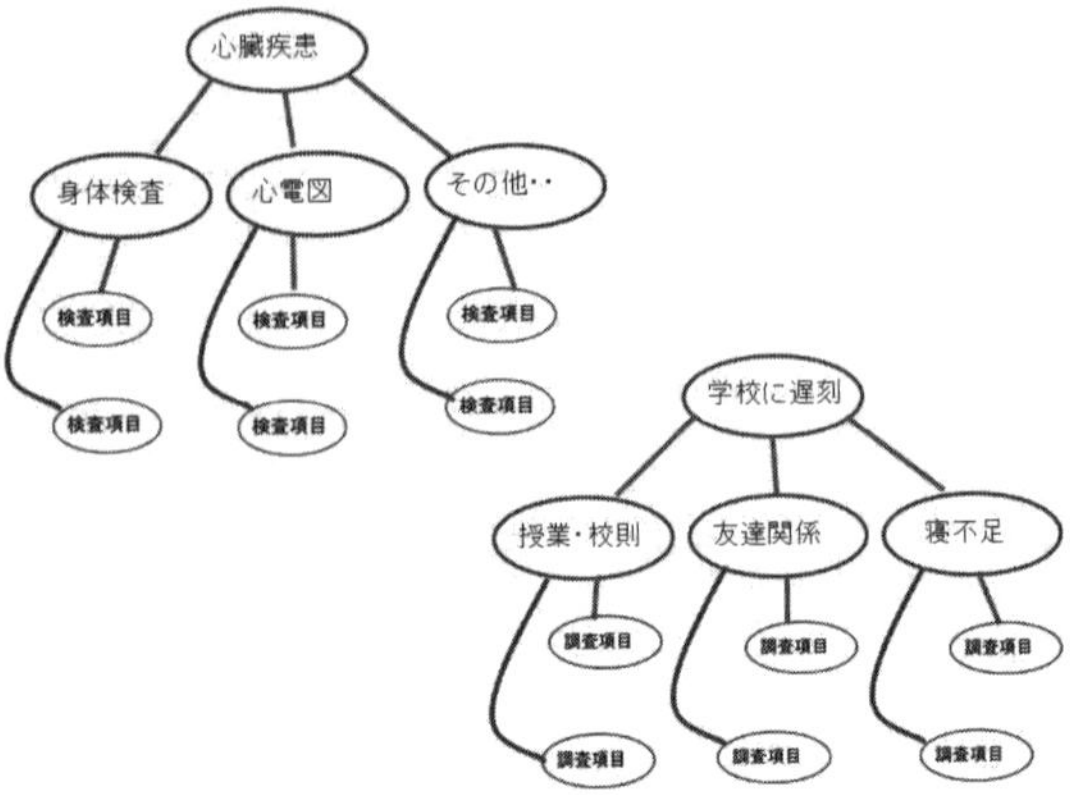

るでしょう。学校という用語を見た時、その関連の知識が働きます。学校には、校則がある、時間割がある、担任の先生がいる、友達がいるなどです。すると、朝1時間目の授業が苦手なのか、担任の先生とうまくいっていないのか、友達と仲たがいしているのか、などです。学校に行きました、という用語から、この時間は交通渋滞があるのか、バス通学で時刻に間に合わなかったのか、などの原因を考えるかもしれません。

このように、それぞれの用語に対して原因を考えることは、先の心臓疾患の原因を知るために調査した検査項目のようなものです。もしかすると、昨夜SNSで深夜になって朝寝坊してしまったかもしれない、友達との関係で学校に行きづらくなっているかもしれない、場合によっては、いじめに遭っているかもしれない、不登校になるかもしれない、というように、個々の項目で考えられる原因をつなげて、総合的に判断することになります。これも、長年の経験が働いて、これは重大な問題になるのか、交通渋滞のような単純な問題なのか、の判断が働くのです。このように考えると、総合的な判断には、知識が関係づけられ、構造化されていなければならないことが、わかります。構造化することが、生きて働く知識に転換させることになるのです。この関係を、模式的に図1に示します。

知識は、人の体と同じです。心臓や肝臓や胃腸などあって、それが有機的につながって人の体は機能しますが、知識も同じように、つながって、関連付けられて、生きて働くのです。今日の学校では、子どもたちの知識をいかに構造化するかで、いろいろな工夫がされています。

知識構造の見える化

つくば市立春日義務教育学校を訪問しました。国語の教科書には、「脳の働きを目で見てみよう」という単元名で、脳科学の専門家の研究結果が掲載されていました。脳が活性化している部位は赤く表示され、あまり活性化されていない部位は青く表示された画像が、教科書に掲載されていましたが、このような画像は、よくテレビなどでも紹介されています。最近の教科書は、このような研究成果も掲載することに感銘を受けたのですが、その時指導した教員が、「脳を活性化させる方法は、音読しかないのか」という課題を板書して、前時までに、いろいろな方法が生徒たちから提案されていました。

図 2

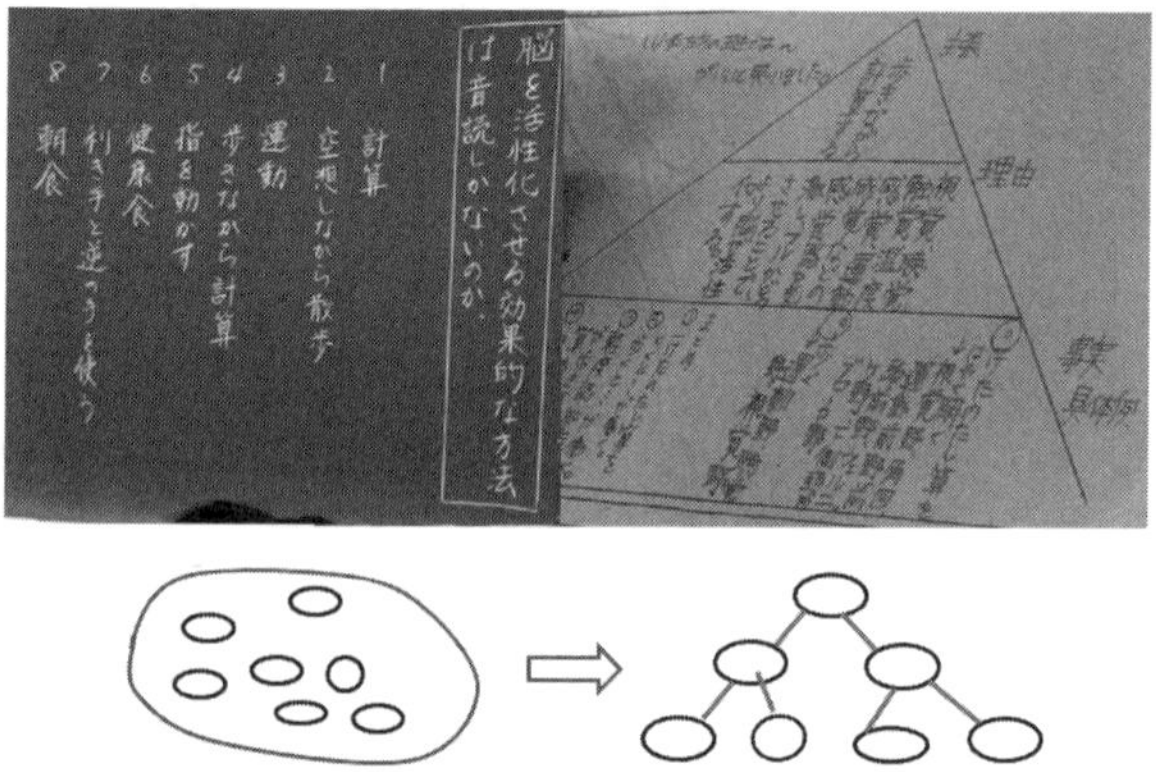

例えば、計算する、歩きながら計算する、空想しながら散歩する、指を動かす、朝食をとる、利き手と逆の手を使う、など様々なアイデアが提案されていました。

　これを見て、確かに、このような方法があったかもしれない、経験的にも当てはまる、何かテレビ番組で見たような気がする、という印象を受けたのですが、どのように授業を展開するのだろうか、と思ったのです。この授業では、生徒たちは、それぞれの仮説を、インターネットで調べて証拠を集めました。そのまとめ方が優れていて、学校現場でよく使われている思考ツールを用いて、主張―理由―事実・具体例を、ピラミッド型にして構造化をしていました。これで、根拠が明確になります。

　脳を活性化する方法は、と問われて、いろいろなアイデアを出すことは大切ですが、それだけでは、思い付きや感想のレベルであって、学習にはなりません。

学習に転換するには、根拠や証拠や事実などが必要で、それが支えとなって、主張を裏付けていることを思えば、この思考法が重要になるのです。このことは、授業だけでなく、先の心臓疾患の診断においても、証拠や裏付けをつなげているわけで、その構造化に意味があるのです。ＫＪ法なども同じ思考法で、ばらばらであった事実や感想やイメージやアイデアが、構造化することで意味が生じることになります。この構造化のイメージを、図2に示します。

オーストラリアのAshmore小学校

オーストラリアのAshmore小学校を訪問したことがあります。オーストラリアは自然保護に力を入れている国としてよく知られていて、小学校でもその教育をきちんとやっていますが、自然保護や環境保全について調べる授業がありました。よく知られていますが、ＳＤＧｓ(Sustainable Development Goals、持続可能な開発目標）が日本の学校でも見受けられるようになりましたが、オーストラリアはその先進国とでも呼べるような教育を行っています。その教育方法は、教えるというより、調べる、発表する、議論するなどの、子どもたち主体の学習を行っています。図3は、その時に子どもたちに配布されたワークシートの一つです。この単元のテーマは、「人は、環境保全のために何をすべきか」でした。それを、図3のように、国レベル、地域レベル、家庭レベルのように分けて、

図3

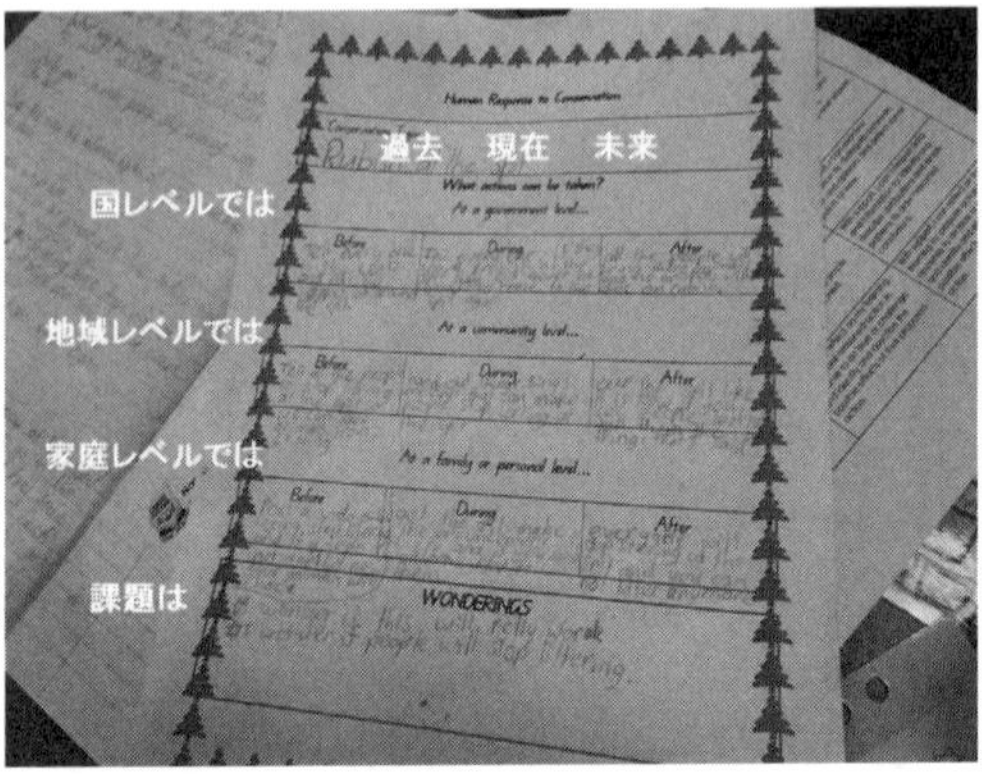

最後は課題を書くようになっていました。見た瞬間、かなりレベルが高いと感じました。もちろん、調べなければレポートは書けませんので、インターネットで調べるのですが、その光景を図4に示します。

図4で興味深いのは、机の端に写真のようなバッチが置いてあり、そこに、「自分は何を学習しているのか、何故重要か、どのように進めるか、次はどこに行くか」などが書かれていました。常に机の端に置く理由は、重要だからですが、このバッチに書かれていることは、自分で自分の学習をチェックしていることです。自分を上から見て、これでいいのか、間違っていないか、と確認する活動とも言えます。

大学生と研究打ち合わせをしてよく感じたことですが、目的と結論が違っていることがよくあります。研究も自分で探求する作業と言ってもよいのですが、それは一人で舟に乗って操縦しているようなものです。

図4

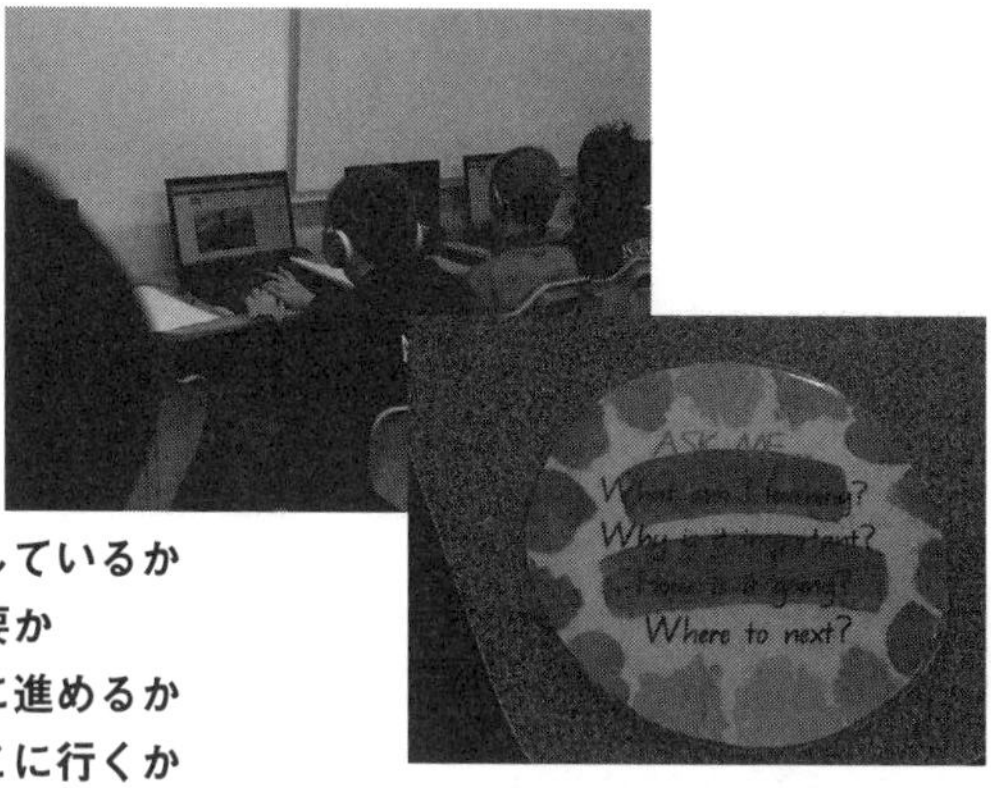

何を学習しているか
何故、重要か
どのように進めるか
次は、どこに行くか

羅針盤というか、位置を確認する道具が必要で、そうでなければ目的地に着けないことは、常識的にもわかります。指導教員の役割は、学生の進んでいる軌道が正しいか、つまり目的に沿っているかどうかを、アドバイスすることです。この方向では、ずれているとか、発散して収束できないとかを、学生と話し合いながら議論することが、学生との研究打ち合わせです。この打ち合わせが研究の遂行にはきわめて重要で、方向がずれると、1年で結論を出せることが、3年やそれ以上の時間を浪費することが多いのです。理工系の分野では、このような研究指導のスタイルが通常ですが、この小学校では、その方向を自分でチェックし、自分でモニターするように、指導しているので、感銘を受けたのです。

　大学生や大学院生の研究では、いろいろな実験を行ったり、文献を調べたり、訪問調査をしたりして、データや資料などを集めて、最後はこれらを集約しなければなりません。その集約する作業は、ばらばらであった個々の事実や結果や知見を、ある根拠を元に並び替えて、一つの結論にまとめることに他なりません。ということは、先に紹介した、中学生が、脳を活性化する仮説を検証するために、インターネットで調べて、根拠や事実を集めて、主張を裏付ける作業と同じです。つまり、構造化するのです。大学の場合は、そのアドバイスは教員が行うので、それは専門的な仕事と言ってもよいのですが、その方法や見方や考え方は、オーストラリアのAshmore小学校で見たバッチに書かれていることと、基本的に同じです。だから、私は引き付けられたのです。

小学生の時から、このような指導をしていたのか、と感心しました。基本は、自分です。自分で調べる、自分で構造化する、自分で発表する、他人と意見を交換する、など、それは小学校から大学まで同じで、教師が丁寧に教え、導き、伝えるのか、自分で遂行するのか、という違いです。教師は、ここでは、アドバイザーです。これからの社会では、このように、自分でモニターし、自分でコントロールしながら、学習でも仕事でも進めていくことが求められています。そのアドバイスや視点や基本的な枠組みを提供する役割が教員だという意味では、今日の日本の教育も、このような方向を目指していると言ってもよいと思います。先に示した、Ashmore小学校のワークシートは、その視点や基本的な枠組みを与え、教師は机間巡視しながら、個々の質問に応じているのです。

このワークシートを見ると、小学生レベルでは高度ではないかと感じると思いますが、基本的な枠組みが与えられているので、調べやすい、考えやすい、比較しやすい、考察しやすい、と思いました。たぶん、このワークシートを下敷きにすれば、論理的なレポートが書けそうな気がします。あるいは、理路整然と発表することができそうな気がします。それは、調べたことが構造化されているからです。

ねらいと振り返り

知識の構造化では、さらに振り返りが重要です。振り返りは、どの学校現場でも行われていますが、その方法は、学校によって違うようです。最も単純な振り返りは、いくつかの項目、例えば、今日の授業は、楽しかった、理解できた、などを5段階でチェックする方法で、時間が少なくて済むので実施しやすいのですが、子どもにとってみれば、何故かという理由を振り返ることができないので、感想に終わってしまいます。もちろん、何もしないよりは良いのですが、さらに内容を思い出して、振り返る方法もあります。単元の内容ごとに、理解度をチェックする方法です。この場合は、振り返りのチェックシートは、単元ごとに作成しなければなりません。理科であれば、二つの力が働くとき、その合わせた力の大きさと向きが理解できたか、などの具体的な内容について自己チェックする方法です。この方法であれば、その授業場面を振り返って、イメージしながら記入することができるので、より効果的になります。ただし、準備するのに時間がかかります。

何故振り返りシートを使うのか、それは教師よりも子どもたちのためにあることは当然ですから、子どもが、それによって、何らかの受益がなければなりません。書くだけであれば時間の無駄なので、書くことで子どもたちは何を得るか、です。それは、振り返ることで、頭の中を整理することにつながるからです。どこが良かった、どこが弱かった、と自分をモニターします。つまり、先のオーストラリアの小学校のバッチと同じなのです。この意識化によって、頭の中の知識構造を明確にしていくのです。自分の頭にある知識に、〇、△、Xと、名札を付けているようなものです。Xなら、先生や友達に質問しようとか、△なら、何かの時に調べようとか、の気持ちを起こさせることにつながります。そこまでの効果はなくても、自分の頭の整理をすることが、構造化には大切なことだからです。

単元ごとの振り返りは、教科ごと単元ごとにシートを作るので煩雑になりますが、チェックリストではなく自由記述にする方法もあります。授業の最後に、記述する時間をとって、数人の子どもたちに発表させる方法です。この方法では、比較的やりやすいことと、内容に対して具体的な振り返りができることが、特徴になります。

さらに、授業中に重要だと思った場面で、子どもたちの手元にタブレットPCを置いて、写真を撮らせて、授業の終わりに発表するという方法もあります。日常的には難しいですが、学習効果は大きいようです。例えば、湯澤・久保田らは、この方法の有効性を発表しています（日本教育工学会第34回全国大会2018）。この方法であれば、具体的にこの場面だという内容を写真で示して説明することができるので、効果的でしょう。

どの学校でも、授業のねらいを板書したり、目標を書いた紙を黒板に張り付けたりすることは、よく見られます。どの学校も、その効果を実感しているからだと思います。ねらいや目標が黒板にあれば、子どもたちの目に自然に入ってきます。それは、始めだけではありません。その授業時間中、ずっと目に入ってきますので、授業中に学習する内容は、ねらいや目標と関連付けて、吟味するようになります。つまり、先のバッチと同じように、今何を学習しているか、それは目標とどう関連しているか、をモニターしていると言ってもよいのです。このような当たり前と思える活動も、多くの実践によって生き残った貴重な知見なのです。これは、ねらいや目標という木の幹に、その時間に学習した内容という枝や葉と関連付けて、木が出来上がると考えることができます。これも、知識の構造化を助ける方法だと言えば、納得してもらえると思います。

さらに、振り返りは、その木は形の整った木なのか、どこか枝葉が欠けた木なのか、を自分で見直すことです。それで、どこを直せばいいのか、どこを伸ばせばいいのかが、わかります。腕の良い植木職人は、まず全体を見て、細部に手を入れて、また全体を見直し、細部に手を入れるという方法だと考えれば、この振り返りも、重要な意味を持つことがわかります。実際には、ねらいの提示は、ほとんどの小学校で実践されていますが、振り返りの時間がなかなか取れず、省略する先生方も多いようです。

図5

TIMSS1999の調査を元に、諸外国の理科と数学の膨大な時間数の授業をビデオ録画して、分析した研究があります。その研究報告の中で国際比較の結果ではなく、日本の教師の板書の仕方について分析した内容に、興味を惹かれました。実際には、学会発表の資料の一部でしたが、興味のある読者は、インターネットで検索してください。それは、日本の教師の板書は、他国の教師に比べて、きわめて構造的だということです。構造的という意味は、重要な内容は黒板に残して、関連がわかるようにしていることです。これも、知識の構造化を意識した板書の仕方なのです。

図5を見てください。つくば市みどりの義務教育学校の中学校の国語の光景で、その板書の例です。右下の木のイラストは、先に説明した木のイメージ図です。黒板にねらいが書かれ、重要な内容は囲みで、それらが授業の終わりでも残るように工夫されています。イ

ラストの木の幹はねらいに、枝葉は内容に対応することは、既に述べた通りですが、黒板の他に、スクリーンがあって、文字が表示されています。このスクリーンに、文字・写真・動画などが、黒板に並列して掲示されるのです。この光景は、現代語と古語の違いを学習する問題提示の場面ですが、このように、すぐに表示でき、即座に答え、何枚も提示でき、繰り返して表示できるのが、電子掲示板の特徴です。この電子掲示板のお蔭で、時間が短縮できるので、振り返りの時間が取りやすくなるのです。つまり、知識の構造化を助ける効果があります。

まとめ

新学習指導要領では、この知識の構造化に関連する記述として、次のように記されています。「主体的・対話的で深い学びの実現に向けた授業改善」の項目の中で、「**児童が各教科等の特質に応じた見方・考え方を働かせながら，知識を相互に関連付けてより深く理解したり，情報を精査して考えを形成したり，問題を見いだして解決策を考えたり，思いや考えを基に創造したりすることに向かう学習の過程を重視した学習の充実を図ること。**」と述べています。

この「知識を相互に関連付けてより深く理解したり」という意味が、構造化と言えます。先に、心臓疾患についての医学生と医者の判断の差について述べましたが、日頃本物の患者さんを診ている医者は、絶えず知識を構造化しようとしています。この患者さんの、体のだるさ、脈拍、血液検査、血圧、親族の病歴、以前にあった病歴など、それぞれの検査から想定される病気の候補を挙げて、これらの病気の原因となる因果関係を結びつけて、判断しています。それは、知識が構造化され、つまり「情報を精査して」、この病気の可能性が高いと判断し、つまり「考えを形成したり」、どのような処方が良いかを探す、つまり「解決策を考えたり」することになります。その判断の元が、構造化にあるわけです。以上を、次のようにまとめます。

① 深く理解したり、問題解決したりするには、知識を構造化することが必要です。

授業で学習した内容がばらばらであれば、それは知識がつながっていないため、総合的に判断することができないので、深い理解につながりません。内容を理解したり判断したりするためには、関係をたどって理解する必要があります。

算数の割り算で、12÷3＝4はすぐに計算できるので、特に深い理解がなくてもできますが、これが文章題や図形の問題になると、簡単ではありません。例えば、第1章の図4の三つ折り問題になると、正答率が27.7％というきわめて低い数字になることを思えば、その問いには、いろいろな知識を関連付けないと答えられないことに気が付きます。計算方法は、この12÷3＝4だけです。割り算という手順は、練習によって習得できますが、応用問題や問題解決には、知識をつなぎ合わせることが必要です。手順、つまり、始めにこうして、次にこうして、という順序の学習は、車の運転のような学習で、練習すれば自動化されるのです。しかし、判断を伴う学習には、知識の構造化が元になります。

②知識の構造化は、初心者と専門家では異なります。

先に心臓疾患の例で示したように、医学生と医者は、その知識の構造が異なっているのです。頭の中のことですから、ここが違うと言えませんが、図に書くと、頭の中の構造を可視化することができます。いろいろな文献や研究では、初心者は、知識がばらばら、間違った関係構造、表面的な関係での認識、など、よく知られています。この意味で、知識の構造化を促すような、学習方法や道具が求められています。

③可視化や思考ツールなどの方法が、構造化を支援します。

つくば市の中学校の例を紹介したように、思考ツールも、知識を構造化したり、因果関係を可視化したりする方法として役立ちます。可視化できる長所は、子どもたちが、その図を見ることによって、気付くからです。構造は、子どもたちの頭の中にあるのですが、それを外化、外に出して、もう一度見て、つまり可視化することで、頭の中の構造と対比するのです。この対比によって、どこが同じなのか、異なるのかを、知ることができます。知ることができれば、修正することができるので、学習効果が高くなるのです。自分で考えて、こうではないと気付けば、修正することで、より自分の頭の中の構造が精緻化されます。ＫＪ法などでは、他人との協同によって、気付きを促す方法なので、さらに効果的と言えます。それは、自分だけではなかなか気付かないことが多いからです。他人の発想や考え方によって、より高次の構造に近づく、つまり、より専門家の構造に近づく、ということになります。

オーストラリアの小学校のように、ワークシートで、思考の枠組みを与える方法も有効です。この方法で、調べて、書いて、まとめることで、構造化されたレポートを書くことができます。枠組みがしっかりしているので、レポートのブレが生じないからです。始めの目的と終わりの結論が異なるようなレポートもよくありますが、それは枠組みがしっかりしていないからです。建物のイメージでは、設計図にあたるようなもので、そのワークシートという設計図を元に、家を建てるのと同じように、調べて、データを集めて、考察して、レポートに仕上げるのです。

日本の教師の得意な板書の仕方も、知識の構造化に役立つ方法です。

④知識の構造化には、ねらいと振り返りが重要です。

授業のねらいは、木に例えれば、幹のようなもので、授業中に学習する内容は、枝葉に相当します。ねらいに関連付けられて、内容が生きてきます。ばらばらではなくなります。さらに、振り返ることで、出来上がった木を見直すことができます。この見直しによって、この枝がおかしいとか、枝葉が弱いとか、その構造を自分でチェックするのです。チェックすることで、改善してより専門家に近い構造に近づくことができます。

⑤深い理解には、知識の構造化が必要です。

深い理解は、教科や単元などの、見方・考え方と関連しているので、一般的な概念は難しいですが、知識の構造化が必要なことは言うまでもありません。初心者と専門家の頭の中の知識の構造が異なることは、多くの研究や文献で明らかにされていますが、初心者は、表面的な理解、ばらばらな理解、間違った理解などが指摘され、専門家は、本質的な理解、構造化された理解、論理的な理解など、つまり、深く理解していることが報告されています。新学習指導要領では、深い理解の重要性を指摘しています。

第8章 教科等の見方・考え方を身に付ける

ＡＩ時代でも、いつの時代でも、教科は無くなりませんが、その教科の見方・考え方とは、何でしょうか、それは、深い学びと、どう関係するのでしょうか。

電気の問題

学校では、国語・算数・理科・社会などの教科と、総合的な時間や特別活動などの教科外活動があります。教科は当然ながら、教科外活動も、それぞれの目標があります。そして、それぞれの教科等には、それぞれの見方や考え方があります、と言っても、それは当たり前でしょうと一笑されそうですが、では、図1の電気回路の問題を見てください。

小学校で学習する基本的な電気の通り方についての問題です。①は、乾電池の+から出て行った電気は電球で消費されるので、帰りは通らない、という答えです。小学生向けの問題なので、わかりやすい用語を用いていますが、これが正解と考える大人は、ほとんどいません。②は、乾電池から電球に向かって電気が出て、元には戻らないという考えですが、これも正解と考える大人も、ほとんどいません。+から出て−に戻ることは、誰でも知っているからでしょう。問題は、③と④です。③は、+から出て行って、電球を通って、そのまま戻るという答えで、④は、+から出て行って、電球で電気が消費されるので、帰りは少なくなる、という答えです。小学生から大学生まで調べると、③と④が同じ程度の解答数です。

さて、読者の皆さんは、どう考えるでしょうか。正解は、③です。そこで、理由を聞いてみますと、④は、電気は電球で消費されるので、戻るときに少なくなるのは、当然ではないか、と答えます。③

図1

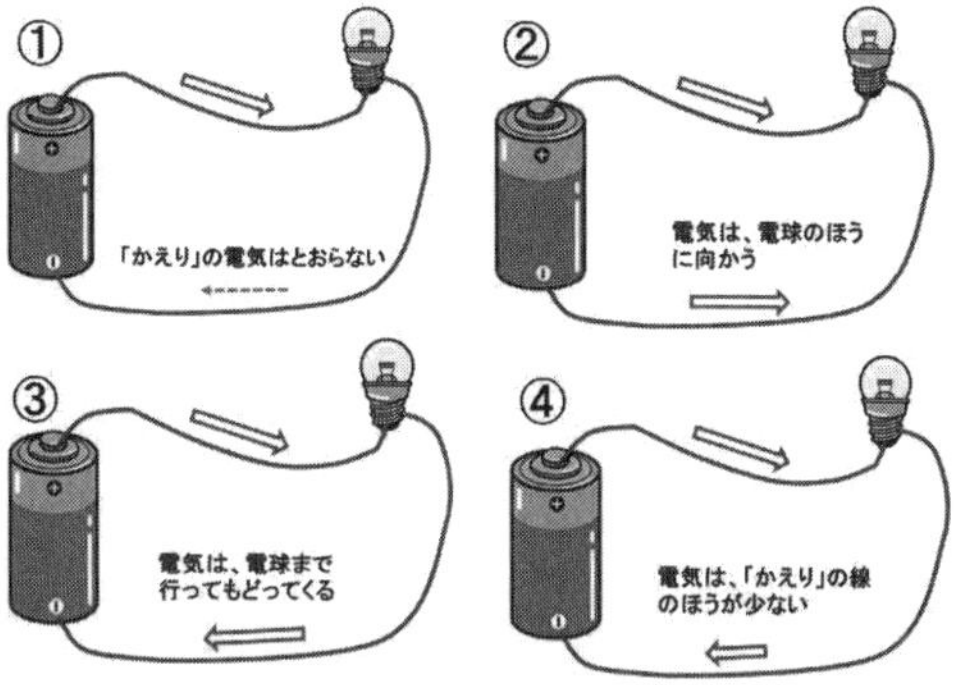
①
「かえり」の電気はとおらない
②
電気は、電球のほう
に向かう
③
電気は、電球まで
行ってもどってくる
④
電気は、「かえり」の線
のほうが少ない

の理由は、と聞いても、ほとんどの人は、理由はわかりませんが、学校で、そのように習ったから、と答える人が多いのです。これは、私が実際に大学生に質問したり、放送大学の学習センターで、大人の受講生に聞いたりした時の反応です。読者の皆さんも、同じような印象を持たれると思います。

理由を聞くと、④のほうが論理的で納得性が高いのです。③だと思っても、理由がわからないのです。これでは、正解を知っているだけで、わかったことにはならないと言ってもよいでしょう。それでは、何故④ほうが納得しやすいか、考えてみましょう。それは、私たちの日常生活の経験から生じています。買い物に行って、何かを買えば、お金が減ることは当たり前で、高い商品を買えば、安い商品よりも財布のお金がより減るのは、居間にある明るい電球のほうが、廊下の薄暗い電球よりも、より電気を消費するのと同じだ、と答えるでしょう。毎朝ジョギングをしている人は、汗をかいて健康を維持しますが、汗をかいた量だけ、体重が減ることは当然で、ジョギングの前後で体重を測ると、確実に体重が減っています。お金も体重もすべて、消費したらその分だけ減ることは、誰も疑う余地のない自明のことなので、④が正解と答えるのです。

しかし、学校の理科の授業では、③が正解と教えるのです。この答えを、放送大学の学習センターで大人の受講生に話したら、それは間違っています、どうしても④です、と言って譲らなかったのですが、それは無理のないことで、何故③が正解なのかの理由がわからないからで、その理解の背景が、理科という教科の電気という単元の見方・考え方なのです。見方・考え方というのは、文字通り、その教科として、その単元としての、見方・考え方なのですが、先の問題の見方・考え方を図2に示します。

図2は、私の文献からの複写なので、スクラッチでプログラミングした図になっていますが、ご了解ください（赤堀侃司「プログラミング教育の考え方とすぐに使える教材集」ジャムハウス）。図のように、乾電池は水を押し上げるポンプの役割、電球は水車の役割で、水がこの水路をぐるぐると回っています。この図を見るとすぐにわかるように、上流から流れてきた水が、水車を回して、その後に下流に流れる時、その水量が減ることはあり得ないことはすぐにわかります。流れる水の量は同じです。しかし、乾電池の力、つまり電圧は、使っている内に減ってきます。1.5ボルトあった電圧は、使

図2

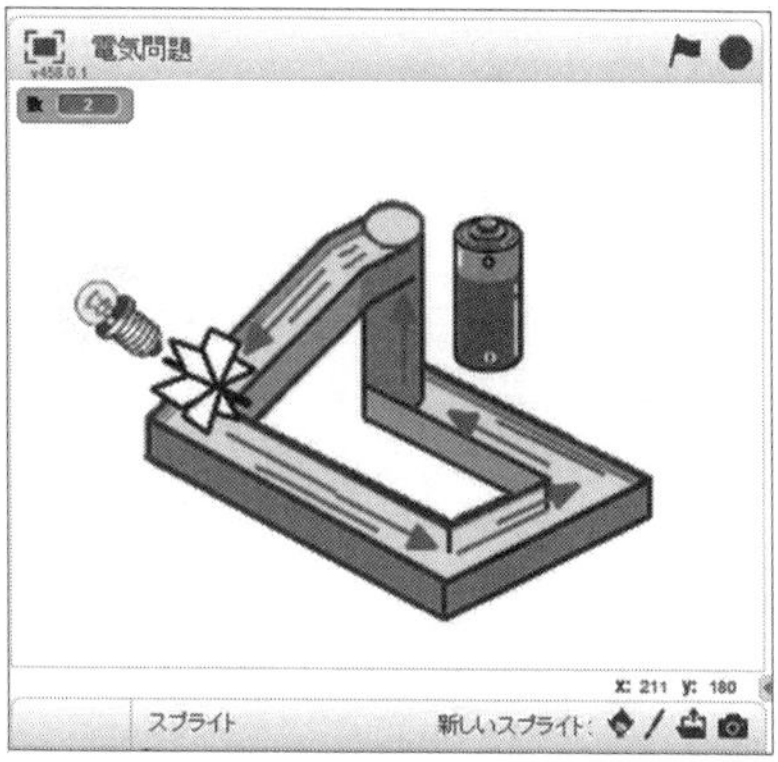

用する毎に、1.4ボルト、1.3ボルトのように、減少するのです。これが、日常生活で経験した、使った量だけ減ると言う知識で解釈できます。しかし、それは、図2の水車の前後、つまり上流と下流の水の量の減少でないことは、理解されるでしょう。

では、何故乾電池の力、電圧は減っていくのでしょうか。それは、水車を回しているからで、水車の軸に歯車をつければ、水車小屋のように、脱穀することもできるし、何かを回したり、動かしたりすることもできます。つまり、仕事をさせることができるのです。これは、理科ではエネルギーと呼んでいます。つまり、乾電池という電気エネルギーから電球という光エネルギーに変換していると解釈できるのです。そのエネルギーの変換は、使った分だけ減るという日常生活の知識と完全に一致します。このような解釈、つまり見方・考え方が、この電気の単元で、子どもたちに伝えたいことなのです。

実際にエネルギーという言葉を使うかどうかは別にして、その見方・考え方を伝えることが大切なことは、誰でも納得するでしょう。このように、見方・考え方は、教科によって単元によって異なりますが、それは、基本的で本質的な視点なのです。さらに、この問題で、電気の減る、減らない、という表面的な現象から、エネルギーの変換だという見方・考え方があれば、より深く理解したことになります。つまり、深い学びになるのです。深い学びにするには、教科の見方・考え方が伴っている必要があるのです。

流れる水の働き

同じく理科ですが、流れる水の働きという単元の授業を参観しました。その時の写真を、図3に示しますが、2016年11月8日に北九州市門司海青小学校で実施された、公開授業の一コマです。この学校は、タブレットPCを用いた研究指定校学校で、公開授業は松永教諭による理科の実践です。この単元では、川を流れる水にはどのような働きがあるだろうか、というテーマで実験をしました。図3左上のように、大きい粒と中から小の粒の砂を混ぜて、斜め上から水を流します。上流から下流への川の流れのモデルです。

図３

その時、メスシリンダーには、どのように大きさの違う砂が、蓄積するだろうか、と呼び掛けて実験をしたのですが、実際にはメスシリンダーに落ちるのが速すぎて、よく観察できないのです。もう一度やり直すとしても時間がかかるので、松永教諭は、タブレットPCを使って、その動きを動画で撮影して、ゆっくりと再生して観察させたのです。その光景が、図３右下の写真です。

子どもたちは、何度も再生して、大きい粒は先に落ち、中から小はその後で落ちることを確認しました。このように観察することが、理科の見方・考え方を伝えているのです。科学では、じっくり観察する、細部にわたって観察する、決して手を加えないで、そのまま観察することで、自然から学ぶという視点を身に付けます。子どもたちは意識しないが、理科の学習の仕方を、学んでいます。次は、グループ毎に発表するのですが、どの班も同じ結果であったことを、子どもたちは確認します。このことは、科学実験では、人が違っても同じ結果になること、さらに言えば、日本でもアメリカでも、どの国でも同じ結果になることで、科学的という意味を伝えているのです。いつでも、どこでも、誰がやっても、同じ結果なのだ、という事実を積み重ねて、科学とはこのようなことなのだと、見方・考え方を身に付けていくのです。そして、この授業の終わりは、実際の地層の写真を子どもたちに見せます。その地層は、見事に、下の層には大きな粒の砂が、上になるにつれて、中から小の粒の砂の層でできていました。その理由を、先の実験と結び付けて、子どもたちが説明したのですが、それは、小さな教室での実験結果と、実際の地層という地球規模であっても、同じ川の流れの働きによるものだという、見方・考え方を身に付けていたのです。つまり、この地層は、川の堆積作用によってできたことを、理解したのです。

見方・考え方は、小学生でも大学生でも専門家であっても、同じです。科学者は、科学的な見方・考え方が身に付いていますから、そのような視点で、物事を捉えます。子どもたちは、理科の授業だけではなく、すべての教科でそれぞれの見方・考え方を身に付けますが、大人になって社会に出て仕事をするようになっても、消えることはありません。ただし、大学で何を学んだか、仕事で何を学んだかによって、どの見方・考え方が強いかは異なるでしょうが、小学校から高等学校までは、教科毎に総合的に学ぶ必要があります。将来仕事をする時にも、意識はしないけれども、そのような視点で

図4

物事を見たり考えたりすることになるので、大切な学習と言えるのです。

スーパーマーケットのサービス

先に紹介した、北九州市門司海青小学校での公開授業の一コマで、竹治教諭による社会の授業です。その板書の写真を、図4に示します。

この授業では、子どもたちがタブレットPCを持ってお店に行って、写真のように、値段、品ぞろえ、新鮮さなどの視点で、写真を撮ってきて、発表します。大型店と小型店の比較も分析していました。この授業の面白さは、子どもたちが自由な発想で調べていたことで、むしろ子どもたちから学ぶことが多い授業でした。ある子どもは、大型店であるスーパーマーケットに行って、店内の商品がどこにあるのかがすぐにわかる案内地図の写真を撮ってきました。確かにその通りで、地図を見てその場所に行けば、探す時間がかからないので便利だと、子どもは思ったのです。当たり前と思っていたことが、子どもには新鮮に映るのです。ある子どもは、ショッピングカートの写真を撮ってきました。そのカートには、幼児用の台が置いてあって、子どもは、幼児を連れてきても買い物ができるので便利だ、と発表しました。その通りで、幼児をカートの台に乗せれば、買い物をしやすくなります。これも、お店の工夫です。さらに、豆などは量り売りのように、好きな種類を、好きな量だけ買える、と発表した子どももいました。このように、子どもの発想は新鮮です。

小型店では、安心して買える、おつりで買える、などの子どもらしい言葉で、調べた特徴が発表されて、商店は、いかにお客さんを引き付け、サービスをするか、という商店の基本的な見方・考え方を、実際に訪問調査して学習していました。

子どもの訪問調査の内容は、大人が現実にも行っていることです。この意味で、繰り返しになりますが、見方・考え方は、子どもから大人や専門家まで、身に付けている基本的な視点なのです。

伝統や文化の活動

教科外活動として、例えば、地域の行事に参加する、職場体験をする、などがあります。地域の祭りに参加する小中学生も最近は増えてきました。それは、お祭りに参加することで、教室では学べない多くの知識や知恵の大切さを学ぶことにつながるからです。お祭りには、いくつかの約束事があり、お祭りに参加する人は誰も守らなければなりません。さらに、伝統行事では、長老とか年配の人が、采配を振ることが多いのです。簡単に言えば、伝統は、古き時代を背負っていると言ってもよいのですが、いつの時代になっても、この伝統や文化を身に付けることが、きわめて大切です。何を古めかしい、と言われるかもしれませんが、社会や時代の進歩に応じて、教育の仕方も変わっていくことは必然ですが、人間の核の形成には、過去から引き継いだ伝統や文化が必要だからです。

私たちは、日本という伝統から離れることはできません。その伝統は、都会よりも地方のほうが、色濃く残っています。地方には、まだ子どもの縦割り組織が残っていて、行事が近づくと、お祭りの練習などが行われることは、珍しくありません。その活動は、父親も母親も、さらに祖父母も、経験してきたことです。それは、伝統行事という形で、日本人としての考え方、つまり文化や価値観を伝えています。文化や価値観と書きましたが、それはモノの見方・考え方と言い換えてもよいのです。

教科では、それぞれの教科の見方・考え方があることを、小学校の理科や社会を例にして述べました。教科には、親学問があります。理科では、物理・化学・生物・地学などの学問があり、算数では代数・幾何学などの学問があり、国語では文学や古典などの学問があり、それぞれの学問は、現在でも研究されています。数学の研究者は、小学校の足し算・引き算の世界から高等数学までを、まるで積み木を積み上げるように、構築しています。どこかに矛盾があったり間違ったりすれば、砂上の楼閣のようにすぐに崩れてしまいます。そのためには、基本的な思考方法、思考の枠組みがなければなりません。その枠組みが、見方・考え方と言ってもよいのです。視点とか、考える土台のようなもので、それは、小学校から大学や専門家まで、変わらないと書きました。

教科は、専門になるにつれて、分化、つまり分かれていきますので、小学校では、生活科が理科と社会に分かれ、中学校になると、理科は、第1分野と第2分野に分かれ、高等学校では、物理・化学・生物・地学などのように、分かれます。そして、それぞれの専門分野で、見方・考え方が存在します。大学では専攻した専門分野の履修を通して、その分野の見方・考え方を身に付けます。したがって、同じ専攻分野であれば、話が通じやすいのです。それは、見方・考え方を共有しているからです。それは、同じ価値観を共有していると言ってもよいのです。

先の伝統行事に戻りましょう。お祭りなどの行事を通して、お正月にお宮参りに行くことを通して、お盆の時期に先祖のお墓参りを通して、子どもは、日本の文化や価値観を学びます。日頃は難しそうな顔をしている父親も、神妙にしている姿を見て、これは大切なことなのだ、騒いではいけない、ふざけてはいけない、と学ぶのです。教科では、知識を学び、教科毎の見方・考え方を身に付けますが、伝統行事では、知識よりも、礼儀作法とか、年上への接し方や挨拶の仕方、約束事の守り方などを、身に付けるのです。それが、行事への見方・考え方になります。そして、それは、日本人としての思考の枠組み、つまり、日本人であることの意識、Identityを形成していきます。Identity（アイデンティティー）とは、身分証明書の番号はＩＤ番号と言いますが、本人であることを証明する番号ですから、自分は日本人であることの「証し」のようなものです。

これから言えることは、伝統行事をもっと大切にすることです。教室で教科の学習をするのと同じように、地域の行事に参加することで、子どもたちは知らず知らずの内に、約束を守ること、年上の人を尊敬すること、周囲の人とのコミュニケーションの仕方、などを学びます。それは、伝統行事が伝える日本人の見方・考え方とも言えるのです。

学級経営の在り方

教科の学習指導で教員が苦労するのは、指導法よりも学級の雰囲気です。学級が、担任の先生の元で統制がとれて、学級ルールが守られているクラスは、成績も向上することは、誰も認めています。つまり、教科指導の前に、学級経営がうまくいっていなければなりません。学級経営とは何でしょうか。家庭でいえば、家族が仲良く暮らすにはどうしたらいいか、と同じ問いです。家庭には、両親・兄弟、家庭によっては、祖父母も同居しています。家庭にはいろいろな方針がありますので、一概に言えませんが、それぞれに役割を持つこと、そして役割が機能していること、思ったことが言えること、そのためには共通の見方・考え方があることなどが、挙げられます。

話は少し逸れますが、秋田県は文部科学省の全国学力学習状況調査でトップクラスの県としてよく知られていますが、その秋田県でもトップクラスの学力を誇る八峰町の学校を訪問して、授業参観したことが何度かあります。この町は、7300人程度（2018年現在）という小さい町で、現在の最も大きな課題は、少子化による人口減少です。これは難問なので、ここで論じるのは避けて、授業参観した印象だけ述べると、きわめて学級が落ち着いていること、子どもたちが伸び伸びとしていること、思ったことを自由に発言していること、統制が取れていて、ノートに書くときはシーンと教室が静かになること、教員も楽しそうに授業を進めていること、などと書けば、誰も学級経営がうまくいっていると感じるでしょう。家族でいえば、夕食時に誰もが楽しそうに今日の出来事を話し、いつの間にか時間が経っているような、まるでテレビドラマのような印象なのです。

しかし、先に書いたように人口減少で現在も将来も厳しいのですが、それでも子どもたちは元気いっぱいで、先生方も生きがいを感じて仕事をしていることに、感銘すら覚えました。考えてみれば、家族でも同じかもしれません。日本もかつては貧乏だったので、誰もが夢中で生きてきたような気がしますが、貧乏であることと教育のレベルは関係ないように思います。八峰町も同じような印象を受けたのです。先のことはわからないし、心配しても仕方がないが、今の教育を充実したものにしようという意識を感じて、強い印象を受けたのです。この町は、祖父母と同居する家庭が多く、たぶん伝統文化を守り、先に述べた価値観を共有しているのではないかと思ったのです。

全国学力学習状況調査のトップクラスの県は、秋田県、石川県、富山県、福井県など、日本海側の県に多いようで、誤解を恐れずに書くと、伝統を守る、ルールを守る、教員を尊敬する、年上や祖父母を大切にする、などの特徴があるように思います。この見方・考え方が、クラスの雰囲気に影響を与えて、それが土台になって、学級の雰囲気が良くなり、楽しい家庭のように、学校に行くのが好きな子どもたちが多くなり、授業への参加意欲が高くなり、学力を向上させたのではないか、と推測できます。私は、小中学校の不登校の割合を文部科学省のデータから計算してみました。すると、平成28年度の調査では、秋田県は全国で最も低い0.89％で、次に低い県が富山県と福井県の0.96％でしたので、学校の文化風土やクラスの雰囲気なども、学力に影響を与えていると推測できます。もちろん、不登校数の尺度だけで学力は決まりませんが、一要因であることは言えると思います。

教師の見方・考え方

学級経営は担任の先生の影響が大きいことは、経験的にもわかります。特に、小学校は学級担任制なので、先生の言動は子どもたちに直接的に伝わります。子どもは毎時間同じ先生に接していますから、その先生のしぐさ、言葉、コミュニケーションの仕方、そして性格まで伝わります。それは、先生自身の物事を捉える視点、つまり見方・考え方の影響と言ってもよいのです。このことは、小学校から大学・大学院まで、同じです。

私も、長い間大学院で学生指導をしてきましたが、私の長所・短所も含めて、学生たちに伝わります。大学院の学生は、年齢的には22歳以上ですから、普通は就職して企業などで仕事をしている年齢なので、大人なのです。大人は、長い間の学校生活を通して、自分の価値観や考え方がほぼ決まっているのですが、それでも、指導教員の影響を受けます。大学院では、専攻によって異なりますが、理工系の伝統では、直接に指導教員と学生が、個別に研究打ち合わせをします。研究テーマが学生ごとに異なるので、個別しかできないからです。私は、自分の研究室で研究の打ち合わせをしましたが、隣が学生室でしたので、打ち合わせが終わると、学生は隣の学生室に戻ります。その時、ミニ赤堀になった、と言う声をよく聞きました。私の話し方、聞き方、見方・考え方が、打ち合わせをした学生に伝わるので、このように呼ばれたようです。実際、研究指導とは、指導教員の見方・考え方を伝える活動と言ってよいのです。その活動によって、価値観を共有するので、長く一緒に生活をした連れ添いのように、あうんの呼吸で、すぐに伝わるのです。

ある小学校の女性の校長先生に聞いたことがあります。その校長先生は、クラス担任だった時、ときおり、クラスの子どもたちを日曜日などに自宅に招待していました。子どもたちは、先生の自宅であっても、慣れてくると学校と同じように、はしゃぎ、話し、昼食を食べ、庭に出て、自由に遊んで、それぞれ楽しい思い出を持って、帰っていきました。その後で、休日で自宅にいたその先生のご主人が、「あの男の子の怒り方は、まるで君のようだ、そっくりだ」と言ったのです。それを聞いて、その先生は、自分は決してあのような厳しく非難するような叱り方はしないと思っていたので、びっくりしたのです。叱り方まで伝わるということは、ほめ方、モノの言い方、モノの見方・考え方まで、子どもたちに伝わっていると考えたほうが、自然です。

このように、見方・考え方は、広い意味で子どもたちに伝わっていると考えた方がいいのです。国語・算数・理科・社会などの教科は、見方・考え方が明示されていますが、学級経営とか児童理解とかコミュニケーションなどは、明示的に示すことが難しい領域です。もちろん、教科外活動であっても、目標があり、見方・考え方はありますが、大部分は、暗黙的な知識や方法が中心になることが多いのです。算数の計算の仕方、国語の読み書きなど、どの学校でも同じように実施できるのは、学習指導要領に明確に記述されているからです。しかし、クラスの指導法など、その通りに実施しても、現実は記述通りにはいかないことが多いのです。学校によって、学級によって、学年によって、地域によって、教員の経験年数によって、管理職の考え方によって、つまり個々のケースによって、異なるのです。それは、知識として可視化できにくいと言ってもよいからです。

落語家になるには、お師匠さんに弟子入りして、修業を積んで長い年月をかけますが、それは、授業のように教室で知識を伝える方法が難しいからです。見よう見まねという表現が合っていますが、体で覚えるような世界だからです。弟子になって覚えるということは、それは暗黙知だからで、言葉で表現しにくいからとも言えます。先に、大学院の研究指導の事例を紹介しましたが、同じような世界なのです。研究方法や研究の見方・考え方は、個別で話し合うという方法ですが、それでミニ赤堀になったというように、話す、見せる、データで議論する、などの方法で、すべてを伝えることになります。研究者の世界では、落語家と同じように、弟子とか師匠などと呼ばれます。暗黙知を伝えるという意味では、同じだからでしょう。研究の分野によりますが、よく○○派という言葉を聞きます。それは、研究の見方・考え方、思考の枠組みが同じ集団という意味です。

このように考えると、クラス運営の仕方、研究指導の仕方、落語の習得の仕方、伝統工芸の習得の仕方、など、教科のような明示的な見方・考え方とは異なる方法があります。それは、まるで体全体に染み込むように、自分を形成していきます。先に、Identity（アイデンティティー）の意味を述べましたが、その分野の自分を作ることと同じです。言い換えれば、その分野の見方・考え方、価値観を形成していきます。このように、見方・考え方は、広い概念なのです。専門的には、「状況に埋め込まれた学習」と呼ばれる概念と、ほぼ同じです。

まとめ

この章では、教科等の見方・考え方について述べました。新学習指導要領では、以下のように記述されています。

「主体的・対話的で深い学びの実現を目指して授業改善を進めるに当たり，特に「深い学び」の視点に関して，各教科等の学びの深まりの鍵となるのが「見方・考え方」である。各教科等の特質に応じた物事を捉える視点や考え方である「見方・考え方」は，新しい知識及び技能を既にもっている知識及び技能と結び付けながら社会の中で生きて働くものとして習得したり，思考力，判断力，表現力等を豊かなものとしたり，社会や世界にどのように関わるかの視座を形成したりするために重要なものであり，習得・活用・探究という学びの過程の中で働かせることを通じて，より質の高い深い学びにつなげることが重要である。」

このように、深い学びにつなげるためには、各教科等の特質に応じた物事を捉える視点や考え方である「見方・考え方」が、必要なことを明示しています。そこで、この章では、具体的な事例を元に、教科外活動も含めて述べましたが、以下のようにまとめます。

①理科では、理科の見方・考え方があります。

見方・考え方は、教科や単元ごとに異なります。電気回路の事例を元に、電気の通り方について、その見方・考え方を解説しましたが、その見方・考え方によって、表面的な理解に留まるか、深い理解まで到達するか、の違いが生じることを示しました。その見方・考え方は、小学生から大学生・大人まで同じであることを、示しました。

②同じ教科には、どの単元でも共通した見方・考え方もあり、単元によって異なる見方・考え方があります。

先の電気回路の見方・考え方や、流れる水の働きの単元を通して、例えば、観察の仕方やデータの解釈の仕方などは共通ですが、電気回路と地層の見方・考え方では、それぞれの単元に依存して特有な捉え方があります。

③社会科にも、理科と同じように、社会科の見方・考え方があります。また、その指導法は、発達段階により異なります。

お店の特徴調べを事例にして述べましたが、このような見方・考え方を習得する方法は、発達段階に応じて異なります。小学生段階では、具体的な事物や体験などが必要で、高学年になれば、表やグラフなどを用いて抽象的な思考を促すなどの方法です。

④教科外活動にも、見方・考え方があります。

地域に見られるお祭りなどの参加を通して、子どもたちは伝統文化の見方・考え方を身に付けます。さらに、地域や家庭の在り方も、子どもたちの自己形成に影響を与えます。

⑤教師の指導の仕方も、子どもたちの見方・考え方に影響を与えます。

教師の話し方、行動、考え方、価値観などは、小学校から大学・大学院まで、子どもや学生に伝わります。それは、教科の目標などのように明示化できないことが多く、暗黙知として伝わります。伝統工芸や研究者の世界も同じで、それはその世界の価値観を伝えていることになります。

第9章 学びに向かう力を身に付ける

ＡＩ時代には、子どもたちが、主体的に、興味を持って、学習に取り組んでくれることを期待しますが、何がポイントで、どのようにすれば、それが可能なのでしょうか。

NHKスペシャル人類誕生

2018年5月13日に放送されたNHKスペシャル、「人類誕生第2集　最強のライバルとの出会い、そして別れ」は、素晴らしい内容で、感銘を受けた番組でした。視聴された読者も多いと思います。簡単に概要を述べます。私たちの祖先は、ホモ・サピエンスだと学校で教わりましたが、そのライバルにネアンデルタール人がいたと言います。人類の祖先は20種類以上いたそうですが、5万年くらい前には、この2種類だけが生き残っていました。しかし、ネアンデルタール人は1万年くらい後には滅亡してしまったと言います。つまり4万年ほど前から、現代人の祖先であるホモ・サピエンスだけが生き残ったのですが、その理由が、最近の文化人類学や考古学の研究によって、明らかにされたのです。

それが、これまでの常識を覆すような内容だったので、番組として放映されたのだと思いますが、通説では、生き残った人種は、知性を持ち、頑健な体を持っていたからだという理由です。狩猟で生活をしなければならないので、槍や斧などの道具が必要ですが、その道具を作るには、知能が発達していなければなりません。また、体が丈夫でなければ、野獣と戦えません。最近の研究によれば、知能も体力も、ネアンデルタール人のほうが、はるかに高かったことが、わかりました。頭蓋骨の比較をすると、10％以上もネアンデルタール人のほうが大きく、体は、その遺骨から、まるでプロレスラーのように大きく頑健だったのです。しかし、何故ホモ・サピエンスが生き残ったのか、その秘密が、この華奢な体とひ弱さにあったのだと、番組で放送していました。

ネアンデルタール人の集落の遺跡を調べると、数人か10人以内の少人数で暮らしていることがわかりました。一方、ホモ・サピエンスは、数十人以上、場合によっては数百人規模で暮らしていたのです。野獣との戦いに明け暮れた人々には、傷つけられて死に至ることも多かったと想像できますが、家族だけの生活では、父親が亡くなればたちどころに家族は生きていけません。しかし、集落のような大勢の人々が暮らしていれば、助け合い、協力しながら、暮らしを支えることができます。また、狩猟や生活のために考案した道具も、すぐに多くの人々に伝わり、その道具をさらに改良する人が現れて、さらに、というように、人々の知恵が協働して共有されたのです。つまり、ホモ・サピエンスは、協力することを、覚えたのです。この協力によって、さらに脳が刺激され、知能も進化していったという内容でした。

私が感銘を受けたのは、この協力という素晴らしさです。それは、一人一人は弱い存在ですが、協力することによって、足し算よりも、さらに大きな力をもたらすという事実です。人類が生き延びたのは、この協力することを覚えたということ、それは、自分たちが弱いゆえに、協力せざるを得なかったという必然性があったということです。言い換えれば、ネアンデルタール人に比べて、華奢で弱かったという事実が、生き残らせたと言うこともできます。考えてみれば、野獣に比べて、人が素手で戦

図1

国際連合広報センター（http://www.unic.or.jp/）のページより。

うには、あまりにも弱かったので、道具を作ったと考えることもできます。ということは、弱かったということが、野獣に勝ち、生活を豊かにしてきたということもできます。

協力するには、他人を受け入れる気持ちがなければ、できません。誰かが道具を作って、それを受け入れて、もっと工夫はないか、とお互いが知恵を出し合うには、集団全員に、共有するもの、それは態度といってよいし、集団意識とってもよいし、文化や価値観と呼んでもいいですが、基盤が必要です。第8章で、見方・考え方について述べましたが、そこでも、価値の共有が集団には必要なことを書きました。これは、知識をどう獲得するか、教科をどう理解するか、とは別の、態度とか意欲などの領域になります。

持続可能な開発を目指す17の目標を掲げたＳＤＧｓは、よく知られていますが、人類が生き延びていくには、人々の協力が欠かせません。地球が持続可能であるためには、貧困、飢餓、福祉・健康、教育、気候、環境など、世界中の人々が協力することが不可欠です。それを図1に示しますが、これを見て、私はホモ・サピエンスの知恵を思い出しました。

この協力することは、今日注目されている用語で言えば、非認知能力とも関連します。例えば、目標に向かって頑張る力、他人と協力する力、コミュニケーションがうまくできる力、自分の感情をコントロールする力などですが、文部科学省の教育課程では、「学びに向かう力」と呼ばれ、ほぼ同じ能力と言えます。

認知とは、理解するとかわかるという意味ですから、引き算ができなくなった、用事をすぐに忘れた、自分の名前すらわからなくなった、というのは、認知症と呼ばれます。その認知以外の能力は、非認知能力になりますので、感情とかコミュニケーションとか態度、意欲などを示します。それが、現代社会では重要な能力になることは、読者の皆さんには、すぐに理解していただける、認知していただけると思います。

コミュニケーションの仕方

いかにうまくコミュニケーションしたらいいのか、それは子どもから大人まで共通する課題と言っても過言ではないと思います。小学生から思春期の高校生も、大人になっても職場での人間関係に悩む人は数多くいます。いじめの原因の一つにコミュニケーションがあり、学校が嫌になるのも友達との付き合い方に問題があり、職場でも学校でも人間関係をうまく保つにはどうすればいいのか、我慢したほうがいいのか、いや、言うべきことをきちんと表現したほうがいいのか、いつでもどこでもどの場面でも、人は迷います。たぶん、これだという正解はないような気がします。どの意見もある場面では正解で、別の場面では誤りというような、あいまいな答えしか返ってきません。それほど、人と人の付き合いは、難しいからです。

学校の授業は、基本的に人と人の間で交わされる言葉や情報のやりとり、つまりコミュニケーションと言ってもよいでしょう。教員という高度な認知能力を持った人が、知識を持たない子どもたちに、知識を伝える営みが授業と考えれば、人から人へという流れが基本であり、それが授業のコミュニケーションと言えます。したがって、その伝える技術を長年にわたって磨くことが、授業研究とか教材研究と呼ばれ、教員研修の中心的テーマになっています。「この場面では、この問いが、子どもたちの意識を高めた、この答えに対しての応答は、もっとこうしたほうが子どもの動機づけを高めただろう」などの授業の振り返りが、授業技術を磨くので、その優れた人々は、まるで授業の名人のような技術を持っていると言っても過言ではありません。

ただ、名人芸まで到達できない教員も当然ながら多いわけで、どうすればいいかが教員研修の課題になります。その解答の中に、道具を使う、ワークショップを行う、などがあります。もちろん、これがすべてに通用する正解ではありません。ただし、このような方法は、名人芸には達しないかもしれないが、ある水準までは保証するという考え方に基づいています。

道具の使い方、例えば、新聞、ビデオ、コンピュータ、インターネットなどでもいいですが、ある水準までは、子どもたちを引き付け、反応を呼び起こし、関心を向けさせることは、多くの実践報告がなされています。アメリカの学校を訪問した時、特別支援教育に携わっている教員は、「洋服のボタンを掛けることに30分を要します、まして、45分も学習に向かわせることは至難の技で、すぐに飽きてしまう、そっぽを向いてしまう、どこかに行ってしまう、その繰り返しの中で、こちらを向かせ、自ら進んで学習するのは、奇跡のような気がする」と話してくれました。その道具は、コンピュータ画面のアニメでした。先生が、アニメを見せながら、ヘリコプター、飛行機、などと発音して、しぐさを交えて、何度も繰り返して学習させている光景は、この教育の大変さを物語っていました。アメリカも日本も同じなのです。何も道具が無かったら、途方に暮れるに違いありません。電車に乗って、泣き止まない幼児に困り果てた母親が、必死になだめる光景に似ています。スマホやタブレットを見せて、泣き止ませている光景をよく見ますが、確かに動くものや光るものに興味を引き付けられるからでしょう。

したがって、視聴覚機器やＩＣＴという道具は、教員の補助としての役割を果たしていますが、そ

図2

ジョグジャカルタでの
教員研修会

豊橋市植田小学校

れが名人のレベルまで引き上げるかどうかは、保証できません。それは、料理に例えれば、和食だけで料理していた人に、イタリアやフランスや中国の食材も加えて、美味しい料理を作ることに似ています。料理する人の腕にかかっていますが、腕が良ければ、和食から中華風やヨーロッパ風などのレパートリーの広い料理を作ることができます。腕が悪ければ、むしろまずい料理になるかもしれません。しかし、幅や可能性を広げ、子どもたちを引きつけることは、あるレベルまで保証できます。

さらに、ワークショップも、教員研修では定番になってきました。一方通行の講義よりも、隣同士で話し合い、情報交換するほうが、頭に入りやすい、引き付けられやすい、納得しやすい、などの効果があるからです。もちろん、講義形式を否定しているわけではないですが、コミュニケーションの在り方を考えると、ワークショップ形式は、より対話が自然にできやすいからだと言えるでしょう。これはアクティブ・ラーニングとして、小学校から大学まで実践されつつあります。

しかし、コミュニケーションの良否は、道具や形態の在り方という物理的な要因だけではありません。図2をご覧ください

左下の写真は、愛知県豊橋市の植田小学校のプログラミング教育の様子です。放課後にコンピュータ室で子どもたちがプログラムを作るのですが、先生、と言っても、地域のボランティアの大人が、腰を屈めて、画面を見て話しています。隣のボランティアの大人も、床に座って、画面を見ながら子どもと話しています。右上の写真は、私がインドネシアのジョグジャカルタに行って、大学や高等学校の先生方の教員研修を行った時の様子です。ＫＪ法を用いて、先生方に模造紙にキーワードを書いてもらい、その模造紙を元に議論しましたが、小学校のプログラミング授業も、ジョグジャカルタの教員研修も、きわめて評価が高かったのです。対面における質疑応答の授業よりも、はるかに活発で、授業や研修での参加度が高かったのです。

コミュニケーションは、両者にどれだけ共通するものがあるかどうかが重要です。図2では、先生と子ども、発表者と聞き手は、画面や模造紙を共有しています。共通する基盤がないところには、会話が成立しません。図2の写真のように、画面や模造紙の箇所を示しながら、ここだよと、共通の内容を共通の言葉で話しているのです。植田小学校では、先生役のボランティアの大人は、腰を屈めて、

子どもと同じ目線で話しています。隣の先生役の大人は、床に座って話しています。共通の会話ができる基盤と言ってもよいのです。この場面における言葉は、教室の教壇に立って授業する時の言葉と、違います。共通の基盤に立っているので、仲間のような言葉になります。教えるという意識から、共に会話するという意識に変わるのです、それが、子どもに安心感を与え、本心の言葉を発言するようになるのです。教壇に立つ時は、目と目は合っていても、共通基盤は薄い場合が多いのです。教員は、知識や情報を伝えているつもりでも、本当に子どもが受け入れているかどうか、わかりません。先に述べた授業の名人は、その子どもたちの受け止め方を、その場で察知して、まるで空気を読むように、臨機応変に変えていきます。子どもたちと同じ認知で、感情までも同じように、授業を進めていきます。

図2の小学校の写真で示したように、先生と子どもは近くで話しています。すぐ側にいるので、黒板の前で説明している先生とは違うのです。先生の雰囲気とか、息づかいとか、体全体で感じるものとか、言葉にはならないが、何か感じるものが子どもたちに伝わっているのです。これを、専門的には、存在感、プレゼンスと呼びます。あの人は、存在感があるとか、そこにいるだけで華やかになるとか、その人の存在そのものを感じることは、読者の皆さんも経験していると思います。コミュニケーションは、お互いの存在感を出し合って、認め合うこと、と言ってもいいかもしれません。人の存在を認めることから、コミュニケーションが成立するのではないかと思います。プレゼンスについての詳細は論文を参照しなければなりませんが、解説的な文献は、拙著で恐縮ですが、参考にしてくださ

い（赤堀侃司「タブレットは紙に勝てるのか」p.188-195、ジャムハウス）。

私事で言えば、どうしても仕事に気が進まない時、誰かがいる場所に移って、仕事をすることがあります。その方が、やる気が出てくるからです。子どもに勉強の個室を与えることは、果たして良いことなのかどうか、わかりません。母親か兄弟か、誰かいる居間で勉強するほうが、個室よりも成績が上がるという通説もあります。母親や兄弟ならば、誰も気持ちがリラックスして勉強に向かえます。それは、自分が受け入れられているという気持ちがあるからです。それは、母親や兄弟のプレゼンスそのものが、子どもに効果をもたらしたと解釈できます。それを教室に延長すれば、自分が受け入れられているという学級の雰囲気があれば、学習効果が上がることになります。

両親や兄弟は、文字通り同じ血が通っていますから、共通の基盤があるわけです。他人ではそうはいきませんが、それでも先に示した、同じ目線で同じ画面を共有すれば、教室の離れた距離にいるよりも、会話する両者は、お互いの息吹や気持ちを感じるはずです。人がそこにいること、プレゼンスそのものによって、人は意欲を持ったり、逆にいらいらしたりするのです。子どもに元気をもらうとか、子どもから教えてもらうとか、教師はよく言いますが、それは、子どものプレゼンスそのものの効果なのです。子どもは、大人に比べて、純粋で未来に希望を持ち、時に泣いたりしますが、後はすぐに忘れてしまいます。そのような大人にはない、大人が無くしてしまった、輝くようなプレゼンスを持っているので、その子どもがそこにいるだけで、大人は楽しくなったり、明るくなったりします。

考えてみると、他人がそこにいるだけで、自分の気持ちや意欲や態度が変容することは、素晴らしいことではないでしょうか。他人の存在を、どう生かすかが、重要なのです。

教室で、隣の席に他の子どもがいること、それ自身が学習意欲を高めるのです。自分だけでは、よほど意志が強くなければ、勉強は持続できません。1日6時間の授業を子どもたちは受けていますが、クラスメートがいるから、先生がいるから、持続することは言うまでもないことです。勉強が嫌になったから、授業中に教室から出てしまうことは、よほどのことですが、家庭では、おやつを食べるとか外に出るなどは、当たり前です。それは家庭という場と、教室という場の違いで、そこに他の子どもたちがいること、その存在そのものが、何も言わなくても無言で制御しているのです。

このプレゼンスから言えることは、他人の存在を受け入れることが大切です。母親か兄弟のような安心感があれば、誰でも安心して受け入れられます。逆であれば、学習効果も逆になることは言うまでもありません。先に述べた、現代人の祖先であるホモ・サピエンスは、ネアンデルタール人に比べて他人を受け入れることができたのでしょう。その理由は、自分たちが、弱かったからです。協力するしか、生き延びる手立てがなかったのです。現代社会にも、多くの課題があって、その課題解決には、世界中の人々が協力するしか手立てはなく、国連サミットでＳＤＧｓという17の目標を、国際目標として決議したのです。このように、お互いを受け入れること、協力することが、学習を前に進めることになります。学習だけでなく、人々が生き延びる上で必須の力になることは、偉大な祖先であ

図3

るホモ・サピエンスが示した通りです。

5分間動画の視聴

私は、埼玉県総合教育センター主催の反転学習の実践研究に関わり、そのアドバイザーをしました。反転学習とは、簡単には、家庭で5分以内の動画を視聴して、授業に参加するという、いわば5分間動画で予習する学習方法です。その実践校の一つである、埼玉県立鴻巣女子高校の堀内紀子教諭の実践を、紹介しましょう。図3は、その予習動画の一つです。

単元は、「ボタンホールの作り方」で、家庭科の授業で実習する授業でした。図3のように、バーコードのついたワークシートを生徒たちに配布して、各家庭で動画を視聴してきます。その動画の様子は、図3の写真の通りです。元々、反転学習でよく言われることは、家庭で予習することによって、教室での授業では、基礎的な内容は省略して次に進めるので、効率的な学習ができるということです。反転学習の創始者であるサルマン・カーンが設立した、カーン・アカデミーが有名ですが、動画を用いる理由は、何度でも繰り返し視聴することができる、テキストよりも理解しやすい、理解している説明は飛ばして視聴できる、などですが、日本でもいくつかの学校で試行されています。

ここでは、その反転学習について述べることが目的ではありません。生徒たちが授業中にどのような変容をするのか、という点です。先に述べたように、基礎的な内容を予習してきているので、効率的に授業を進めることができる、という趣旨はありますが、実際は、そのようにうまくはいきません。予習してこない生徒はどうするのか、という単純な疑問も生じます。動画は、どのように作成するのか、どのように家庭で見られるようにするのか、など技術的な課題もあります。しかし先生方は、意欲的に市販のアプリで動画を作り、クラウドにアップして実践をしました。結果的には、予想以上の学習効果を上げたのです。ただ、その理由が、先の仮説と異なっていたのです。基礎的な内容は予習してきたので、飛ばして先に進める、ということではなくて、内容を深めることができたので、授業時間も効率的で、かつ成績得点や意欲や授業態度などの学習効果が高くなったという結果なのです。これまでの実習時間は2時間近くかかりましたが、この実践では、ほぼ1時間でほとんどの生徒は作り上げていました。問題は、どうして内容を深めることができたのか、という理由なのです。

自宅で視聴して、完全に内容を理解できたら、何も問題はありません。先に書いたように、道具はある水準まで保証しますが、それ以上はできないのです。自動車も走ることはできますが、運転技術によっては事故をおこすこともあるのと、同じです。要は、どのように動画を視聴してきたかに、依存します。生徒の考えも様々ですから、基礎的な内容は飛ばして、というわけにはいきません。実際の授業場面では、もう一度視聴するのです。ただし、その視聴の仕方が、自宅と異なるのです。

自宅では一人で視聴しますが、教室では二人かそれ以上の生徒が視聴します。そこに、対話が生まれます。「あなたの解釈は別だね」、「やはり、こうすべきなのだ」、「やっと意味がわかった」などの声が聞こえてくるのです。学習効果が上がったというのは、この会話があったことが理由です。一人で理解するレベルが、他の生徒と対話することで、深いレベルまで達するのです。これが、協働学習のねらいであり、長所です。協働すること、協力すること、コミュニケーションすること、それは、同じ意味です。

自宅という場と、教室で他の生徒がいる場では、生徒が動画を視聴する見方が違っているのです。同じものを見ているわけではなく、別の視点が加わることによって、別の見え方になります。それは、一人で見てきたことで、別の視点を受け入れられたと言えます。動画を何も視聴してこなかったら、別の視点という「別」が存在しないので、ただそうか、と思うか、何も感じないか、聞き流すだけになりますが、5分間という短い時間であっても、生徒間に共通するものが存在します。共通する何かがあれば、「そうそう、それだ」とか、「あれは、違う」などと会話が生まれます。つまり、コミュニケーションが生じるのです。これは、先の図2で示した画面や模造紙を共有して、対話する光景と同じです。「あれは、違う」という言葉は、ある箇所を指さして、議論する姿と同じです。反転学習のねらいは、先に述べた予習することで効率的に学習するだけでなく、他の生徒たちがいることで可能な、対話、議論、課題の探求、課題の解決案、提案などに、時間を確保するねらいがあるのです。通常、学校で見受けられる協働学習、グループ活動では、議論する内容を見つけることに時間がとられて、対話する時間が少ないことが多いのです。反転学習では、それを5分間の動画という共有する媒体によって、生徒たちを結びつけ、活発な議論をして、自分を振り返り、深い学びに向かわせるのです。ここでも、他の生徒がいること、プレゼンスが、重要な役割を果たしています。

先のホモ・サピエンスも、同じような会話をしたのではないか、と想像します。道具を作る、獲物を取る、安全に身を守る、家族を守る、怪我を治す、どれを取り上げても、生きていく上で必須で重要事項です。彼らは、必死で対話しながら協力したに違いありません。対話によって、上のレベルまで達することができたので、進歩したのでしょう。同じように、反転授業の実践でも、生徒たちは、上のレベル、つまり深い学びに、自分たちでたどり着くのです。深く理解できたので、自主的に実習を進め、通常の授業時間の約半分で、ボタンホールを仕上げることができたと言えます。そして、先生との対話も積極的で、かつ本物の会話でした。何か、内容の本質を理解した生徒は、自信があるよ

図４

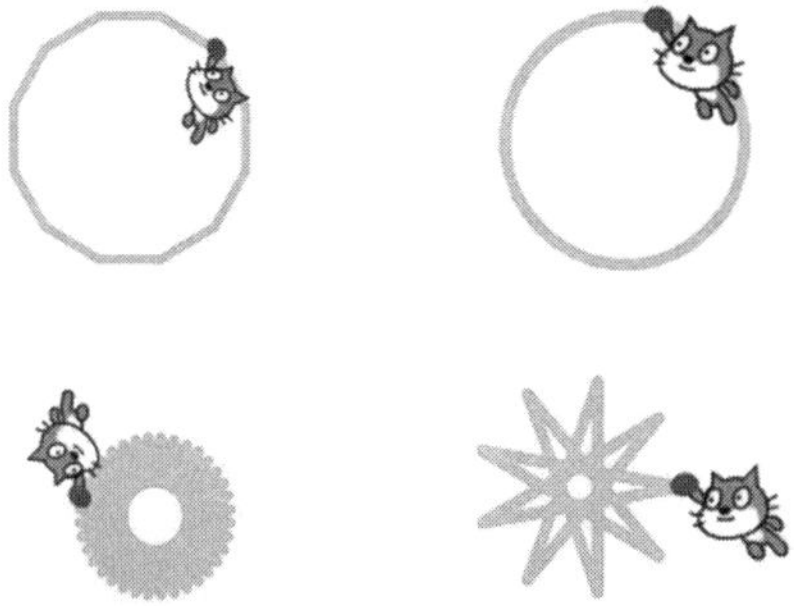

うに見えます。先生に対して、自分の意見を堂々と言うので、まるで仲間のような会話になっていました。それは、先に述べた小学校のプログラミング教育や教員研修と同じ光景です。1時間の授業が終わった時、生徒たちは夢中で活動した授業に本心で満足した表情をしていました。このように、他の生徒がいて、協働すること、対話すること、協力すること、が学習効果を高めることがわかります。一人ではできないことなのです。

プログラミングで知ること

図4をご覧ください。私の著書からの引用で恐縮ですが、小学校プログラミング教育の例です（赤堀侃司「プログラミング教育の考え方とすぐに使える教材集」ジャムハウス）。

実践では、プログラミング言語としてスクラッチを使うことが多いのですが、図4は、スクラッチを用いて正多角形を描いた教材例です。詳細は省略しますが、例えば、正方形を描くには、ある距離を進んで90度向きを変える、という操作を4回繰り返すことで、出来上がります。ただし、90度は外角であることに注意しなければなりませんので、正三角形の場合は、ある距離を進んで120度向きを変える、という操作を3回繰り返すことで、出来上がります。教科書では、正三角形、正方形、正五角形、正六角形などを描く課題が掲載されています。

つくば市のみどりの義務教育学校のプログラミング教育の授業参観をして、感銘を受けました。正七角形の作図に挑戦していたからです。図4のネコが一周して元に戻るので、つまり360度回転するので、ネコが向く角度は、正三角形なら360÷3で120度、正六角形なら360÷6で60度、正八角形なら360÷8で45度と簡単に求められます。ところが、正七角形は360÷7は割り切れないので、子どもたちから、「無理です、できません」という声が上がりましたが、プログラミングでは、分数の角度で入力できるので作図できることを発見して、実際に作図できた時、大きな歓声が上がりました。教科書では、割り切れないので、正七角形は課題に入っていませんでしたが、プログラミングでは可能です。教科書は、物差しと分度器を使うので、割り切れない数字の角度では、作図ができないのです。子どもたちの歓声は、できないと思っていたことができた、という驚きの声でした。

プログラミング教育は、このような驚き、教科書を超えた課題への挑戦などが、大切ではないかと思っています。図4は、私がプログラミングして、適当な角度を入力して作図したものです。向きが180度なら直線に、120度なら正三角形で、10度なら正36角形になる、ことだけでも感動します。数学のすごさに驚きます。

さらに、角度を小さくすると円に近づいてくることも、図を見ればわかります。つまり、直線から正多角形から円まで、角度だけで作図できることは、子どもでも大人であっても、発見と呼びたいような驚きがあります。さらに、適当に角度を入力すると多様な図形を描くことができます。思ってもみなかったような図形が出来上がるとき、私も歓声を上げたくなりました。図4は、その作図例です。どうしてこのような図ができるのだろう、と考えた時、数学の持つ深さに触れたことになります。同時に、作図すること、それも単純に向きの角度だけでできることは、どこか美しさを感じます。

人は、美しさや深さを感じた時、もっと学習してみたいという気持ちになります。どの分野でも、専門家はその美しさや深さを知っているようです。理工系、文科系、社会学系のどの分野でも、自分の専門のテーマになると、夢中になって話す研究者の姿に接しますが、どこか美しさに魅せられた少年少女のような印象を受けます。子どもたちが、どの教科や科目でもいいのですが、その中に包含されている、すごさ、深さ、そして美しさに気づき、感じることができれば、学びに向かう大きな力になるではないでしょうか。

まとめ

この章では、学びに向かう力について、いくつかの観点で述べました。新学習指導要領では、次のように述べています。「（学びに向かう力・人間性等）言葉を通じて，社会や文化を創造しようとする態度，自分のものの見方や考え方を広げ深めようとする態度，集団としての考えを発展・深化させようとする態度，心を豊かにしようとする態度，自己や他者を尊重しようとする態度，自分の感情をコントロールして学びに向かう態度，言語文化の担い手としての自覚が挙げられる。」この文章では、子どもたちの態度や自覚など、思考力・判断力・表現力のような、教科の内容を理解する力ではない記述で、あえて書けば、認知能力以外の能力なので、非認知能力に近い考え方であることがわかります。

そこで、本章の内容を、以下のようにまとめます。

①学びに向かう力として、協力する態度が重要です。

ＮＨＫドキュメンタリー人類誕生の番組から、現代人の祖先であるホモ・サピエンスが生き延びたのは、協力したから、という態度にありました。ネアンデルタール人のほうが、ホモ・サピエンスよりも、はるかに知力・体力共に勝っていたにも関わらず、滅びてしまったのは、彼らは数人の小集団でしか生活しなかったからだと言われます。ホモ・サピエンスは、体も華奢で弱い人種であったために、皆で協力するしか生きる手立てがなかったからだと言われます。現代社会が生き延びていくには、

ＳＤＧｓという共通の目標を掲げて、世界中が協力する必要性が提言されています。つまり協力することは、生きるために必須の態度であると同時に、それは学びにとって本質的な力を生み出すと言えます。

②協力する、対話する、コミュニケーションするには、共通の基盤が必要です。

教室におけるグループ活動やワークショップ型の教員研修などが、よく見受けられるようになりましたが、それは、画面を共有する、模造紙を共有するなど、自分と他の間に共通の基盤を持つことで、協力や対話やコミュニケーションがしやすくなる効果があるからです。対話やコミュニケーションなどは、複数の人がいることで成立することは当然ですが、この他人の存在は、学びに向かう力に、きわめて重要です。そこに他人がいること、その存在をプレゼンスと呼びますが、他人がいることで、いろいろなメッセージを受け取っています。それが学びに向かう力になりますが、逆に作用することもあります。それは、お互いが受け入れられているかどうかという場に、依存するからです。

③反転学習では、授業での対話が、学びに向かう力をもたらします。

反転学習では、自宅で動画を視聴する予習のような学習形態です。その後の授業では、グループやペアで学習をしますが、その対話や活動が大きな学習効果をもたらします。自宅という一人で学習する場と、教室という他人の存在する場では、同じ動画でも異なった見方になります。その見方が、学びを深くします。反転学習では、この見方や考え方の変容が、大きな学習効果となりますが、これも他の存在が働いているからです。

④教材のすごさ、深さ、美しさなどを感じることは、学びに向かう力になります。

正多角形のプログラミング教育の実践を通して、教科書ではできない課題に取り組むことで、子どもたちは、プログラムのすごさや深さを感じます。それが学びに向かう大きな力を生み出します。専門家と呼ばれる人は、ほとんどが、その分野が内包している、深さや美しさを体験していますが、彼らは、その深さや美しさに魅了されて、探求を継続してきたと思われるからです。

第10章 学校と社会をつなげる

ＡＩが進化すると、子どもたちが大人になる頃、職種が大きく変わると言われます。
そのような社会では、どのような資質・能力を身につけていれば、よいのでしょうか。

学校と社会の違い

学校と社会が違うことは当たり前ではないか、と言われそうですが、改めて考えてみると、教育を考える上で、本質的な示唆が含まれています。図1は、私が放送大学大学院の講義をした時のテキストに掲載した図です（放送大学大学院教材「情報教育論」p.108 2002年初版、赤堀執筆）。正確には、ブラウン・コリンズの論文（1989）を下敷きにして、私が情報教育向けに改変して、国際会議で発表した論文（1989）を、放送大学のテキストに引用した図です。

表で見るように、学校と社会は大きな違いがあります。学校には正解がありますが、社会にはありません。正解があるから、入学試験や期末試験が成立します。正解がなければ、成績をつけることも、選抜をすることもできません。大学入試問題に誤りがあれば、ニュースになるほど、大きな社会問題です。社会には、正解は基本的にありません。正解があれば、それを実行すれば問題はすぐに解決しますが、正解がないので苦労しているのです。正解を知っている教員がいて、正解を知らない子どもがいて、教員から子どもたちに正解を伝えるという機能が、単純な授業と言えます。この機能は、学校で通用しても、社会では通用しません。道を歩いている人が、「駅に行く道は、どう行けばいいでしょうか」と、ある人に聞いて、その人が、「この道をまっすぐ行って、最初の信号を右に回って、そして」と教えてあげた時、道を聞いた人が、「はい、よくできました」と答えたら、答えた人は、「わかって

図1

学校と社会の違い（Collinsを元に、赤堀が改変）

学校	社会
正解がある	正解がない
法則を見つける	因果関係だけ
問題を単純化	複雑な要因がある
個人で仕事をし評価する	組織で仕事をし評価する
教科書がある	不確かな情報だけ
嘘の情報は教えない	情報は自分で判断する
数学の記号 計算、統計 面積の計算	暗号解読 成績処理 測量技術　　など

いるなら、人に聞くな」と言って、怒るでしょう。世の中は、正解を知らないから質問するのですが、学校では違うのです。

学校では、関係を見出し、法則や公式として、子どもたちは知識を獲得します。算数の足し算・引き算のような規則、国語の文章に含まれる語彙の正しい使い方の規則、社会科における需要と供給の関係の規則、理科における自然を支配している厳然とした規則、体育や音楽のような技能教科においても、平泳ぎを効果的にするための手足の動きの規則、美しいハーモニーを出すための楽器演奏の規則など、どの教科を取っても、教科の中に含まれる規則を見出し、それを、可視化して、つまり法則化し公式化して、子どもたちに伝えるのです。このような規則は、その背景に学問があるからです。学問は研究をベースにしているので、真理とは何かを追及しますが、それは、正解は何かを追及することと同じです。その正解や探求の仕方は学問によって異なりますが、それを言語や数式などの手段を用いて、可視化し形式化して、人々が共有するのです。子どもたちにわかりやすく伝えるために、教える科目として教科ができ、教科をさらにわかりやすく理解するために、教材が開発され、さらに指導法が工夫されてきました。このように、学校の教科は体系化されているのです。教える内容からその指導法まで、きちんと構造化されています。

社会では、そのような体系はありません。あるのは、経験的な因果関係だけです。私も、大学定年後に団体役員になってから、いろいろな職種の人と一緒に仕事をすることがありますが、大学とは別の世界で、学ぶことがきわめて多いのです。営業畑の人は、交渉では「粘って、粘って」という印象で、敬服します。一緒に出張などをすると、相手への気遣い、ジョーク、座を持たせるなど、一言でいうと、自分の立場を知って脇役に徹しているのです。それは、学校のように、黒板に書かれた内容を覚えて行動しているのではないことは、確かです。企業人も人間ですから、嫌なこともあるし、出たくない交渉もあるし、一緒に行きたくない出張もあるはずですが、私が接した営業畑の人は、上記のような人が多いのです。開発担当の人は、逃げ出したくなるような激しい技術競争の中で模索している様子がわかります。学校では、単位を落とすという、逃げの手もありますが、社会ではそうはいきません。これらは、すべて経験的に、こうしたほうがうまくいく、こうすると失敗するという因果関係を拠り所にしているはずです。考えてみれば社会は厳しく、自分で解決するしか方法がないので、因果関係を頼りにしているのです。

それは、とりもなおさず、学校は単純な問題を対象にし、社会では複雑な要因を含んだ問題を対象にしている違いとも言えます。学校の数学の問題は、正解があって解けますが、社会の問題はすぐに解けません。それは、要因が多く、要求レベルも高いからです。第4章の「チューリング・テスト」の中で、アラン・チューリングについて述べました。彼は、第2次世界大戦中、ドイツ軍の暗号を解読するために、コンピュータの原型とも言うべき、暗号処理の機械を作りました。暗号解読に1年間もかかっては、問題解決できません。数時間で解読できて、はじめて実用化できる、つまり問題解決できるのです。数学のように、わかった、という一つの要因だけでは、社会は許してくれないのです。「数時間で解読せよ」という時間の要因も、付加されるのです。

学校では、個人単位で評価されますが、社会では、組織単位です。国によって違いはあるようですが、社会は組織で動き、組織で成果を出し、組織で評価されます。学校は、グループ活動であっても、成績は個人単位でつけるので、最後は、個人の貢献度のような指標を使って、成績をつけます。したがって、最近の学校でよく見られる協働学習の形態は、社会がモデルです。社会では、打ち合わせや会議などを通して、協働して仕事を進めます。協働するには、役割が必要になってきます。分業して、役割を担い、それを総合して成果を出す仕組みになっています。これも、学校と基本的に異なっています。

学校には教科書があり、決して嘘は書かれません。教科書に誤りがあれば、社会問題としてニュースになります。社会では、「オレオレ詐欺」のような、嘘の情報も溢れています。したがって、社会では、自分で情報を判断するしかないのです。かくして、情報活用能力の重要性が認識されてきて、新学習指導要領には、言語能力や問題解決能力と同じレベルの資質能力の一つとして、記述されることになったのです。つまり、社会がモデルになって、学校で育成する子どもの資質・能力が規定されることになりました。

表の下に記載した、数学の記号と暗号解読の対比は、先に述べたアラン・チューリングのことです。入試問題では数学の記号だけで正解は出ますが、暗号解読では与えられた時間内に解読できなければ意味がないのです。銀行の不渡りのようなものです。企業の製品開発では、数学のような記号だけでは意味がなく、数値で表現できなければ、製品化できません。フォートランは、数式を数値化するために開発されたプログラム言語と言ってもいいのですが、それは数学を現実社会に結びつけるために、開発されたのです。これも、学校と社会の違いを乗り越える努力の跡とでも言えるでしょう。橋や建築物の設計では、数学の記号だけでは無理で、数値や図で表すために、アプリが開発されました。

成績処理も同じで、学校で平均値や偏差値の計算の仕方を勉強しても、現実の世界では、計算の仕方だけでは役に立たず、実際に数値として示さなければなりません。第3章の「情報機器の使い方」でも述べましたが、10教科で100人の教科毎と生徒毎の平均値を出すだけでも、少なくとも2000回の数値入力をしなければなりませんが、電卓で実行するとすれば、入力ミスをしないほうが不思議です。どこか一箇所でもミスすれば、もう2000回の入力をしなければなりませんので、投げ出したくなります。プログラムという方法で、情報処理することが現実的だということになります。計算の仕方の学習と、現実社会で求められる解決を結びつけるために、コンピュータが必要になったのです。広くは、道具が発明されたのです。

同じように、学校で学習する面積の計算は、ほとんどが正三角形などの正多角形とか円などの典型的な図形が多いのですが、現実には、そのような図形だけではなく、というよりも、それ以外の図形の周の長さや面積を求めることが多くあります。測量技術が発達してきたことを思えば、学校と社会の違いは大きいのですが、そのギャップを埋めるために、その間に橋を架けてつなげるために、技術や道具が発明されてきたのです。それは、いかに学校と社会をつなげるか、というテーマに他なりません。

このように考えると、学校教育における内容を社会の問題解決につなげるには、数学や理科だけでなく、技術なども必須の学習になります。そこで、第2章の「STEM教育」で述べたように、工学的な設計も含めた総合的な教科横断型の教育が、世界中で注目されることになったのです。プログラミング教育も、その設計する方法の一つとして、学校教育の中に導入されました。

社会に開かれた教育課程

何故、学校と社会をつなげることを、教育課程では指向するようになったのでしょうか。STEM教育は、世界的な動向だと述べました。それは、その指向の枠組みとも言えますが、問題解決を提言したのは、古くはジョン・デューイが有名ですから、新しい概念ではないことは明らかです。いつの時代もどの国でも、まるで振り子のように、教育課程の比重は、教科学習における基礎基本と課題追求の問題解決の間を、行ったり来たりしています。つまり繰り返されているのです。日本でも、約10年ごとに教育課程が改定されるのは、その事情が反映されています。科学の法則のように、これが真理だと法則化できないのです。時代によって社会の変化に応じて、移り変わっていくようです。学校と社会を接続しようとする試みは、この意味で、古くて新しい課題なのです。その理由は、図1に示したように、その仕組みや機能が本質的に異なるからです。学校教育を社会につなげる考えは、新学習指導要領に、以下のように記されています。

「中央教育審議会答申においては，〝よりよい学校教育を通じてよりよい社会を創る〟という目標を学校と社会が共有し，連携・協働しながら，新しい時代に求められる資質・能力を子どもたちに育む「社会に開かれた教育課程」の実現を目指し，学習指導要領等が，学校，家庭，地域の関係者が幅広く共有し活用できる「学びの地図」としての役割を果たすことができる」

図2

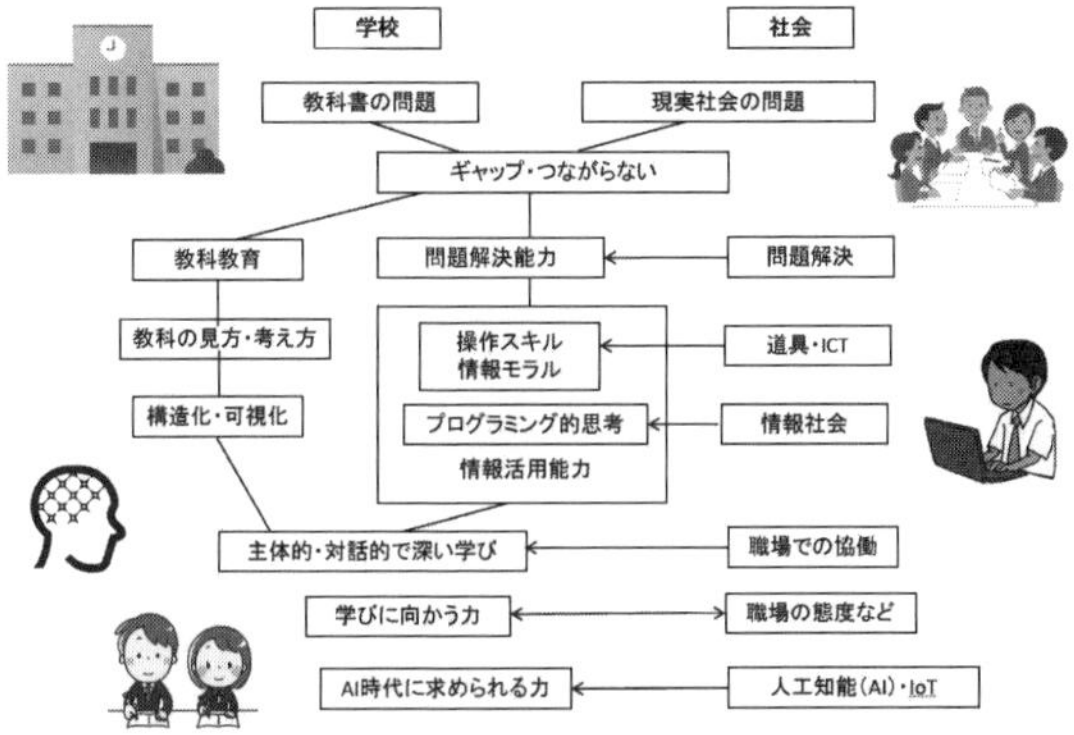

学校と社会の接続という観点から、これまで述べてきた概要を、図2に模式的に示します。以下、この図2を元に、述べます。

「社会に開かれた教育課程」は、新学習指導要領の骨格ですが、そのつながりが容易でないことは、家庭における電気回路の問題、ろうそくの問題、算数の割り算の問題など、多くの事例で示した通りです。このために、新学習指導要領では、いろいろな考えが導入されました。教科学習の他に、問題解決における探求の仕方などですが、しかし、これは目新しいことではなく、先に述べたように、これまでも言われ続けてきたことです。総合的な学習は、探求活動として捉えることができますが、その設置は20年前の1998年の学習指導要領の時です。つまり、繰り返しているのです。教科ではないので、総合的な学習の時間として、教科外活動として、位置づけられたのです。

実際に探究活動を行うとすれば、教科書だけでは不可能です。決められた内容だけでは探求になりませんので、図書館、インターネット、専門家へのインタビュー、関連機関など、外部の知識源にアクセスする必要が生じます。これが、社会とのつながりになります。とすれば、道具が必要で、特にコンピュータなどのICT機器が必須になり、その使い方も同時に習得する必要が生じます。アンケートをすれば、集計用に表計算ソフトが使えなければなりません、インタビューをすれば、コンピュータで文字を入力しなければなりません、調べたことを発表すれば、プレゼンテーションソフトが使えなければなりません。このように、道具無しでは探究活動はできないのです。

そこで、ICT活用が教育課程に盛り込まれましたが、同時に、現実社会にアクセスすることから、いろいろな課題が生じてきます。インターネットで調べ学習をすれば、図1に示したように、嘘の情報や不適切な情報など、教科書とは違った世界に子どもたちが接することになります。教科書のように、そのまま信用するわけにはいかなくなり、情報モラルを学校で教える必要が出てきました。情報モラルでは負の側面だけに注目することになるので、より広い概念では、情報を正しく活用する意味で、情報活用能力が教育課程に明記されたのです。この用語も、1990年に文部科学省が出版した「情報教育の手引き」の中で出てきますので、30年以上前から使われている用語ですが、新学習指導要領では、言語能力や問題解決能力と並んだ上位の資質・能力の一つとして、高く位置づけたのです。それだけ、現実社会からの影響が大きくなったと言えます。

現実社会から、つまり問題解決という視点では、数学における統計教育なども同じ理由からです。数学は真理を探究する教科ですが、統計学は真理よりも実用性や有効性など、現実に役立つことを目的にしているので、そもそも理念が違っています。真理の探究なのか、社会における問題解決なのか、で基本的に異なるのです。

この意味では、プログラミング教育も同じ背景から、生じたのです。現実社会は、コンピュータ無しでは成立しないことは、誰も異存はありません。それほど現代社会における巨人です。コンピュータは、現代社会をすべて制御しているほどの巨大な道具であり、技術であり、文明とでも呼びたいほどの存在です。その源は、コンピュータに実装されているプログラムです。かくして、ICTを道具として使う利用者だけでなく、その仕組みを理解し、コンピュータを制御できるような人材育成が必要になり、プログラミング教育が生まれました。イギリスのプログラミング教育のカリキュラムについての文献の中で、コンピュータの利用者（ユーザー）から、コンピュータを自由に読み書きできる著者（オーサー）に変換すべきだ、と書かれている事情も同じです。現実社会に、より主体的に、より能動的に関わっていこうという、趣旨なのです。新学習指導要領におけるプログラミング教育は、プログラミング的思考が元になっていますが、これは論理的思考と定義されているように、資質能力の一つです。つまり、情報活用能力に含まれると言ってもよいのです。かくして、情報活用能力が高く位置づけられている理由は、現代社会に求められる必須の能力、リテラシーと言ってもよいからです。

社会とのつながりという観点では、学習形態も大きく変わってきました。大学などでは、学生ラウンジの設置や、ラーニングコモンズと呼ばれる円形のようなテーブルで学生たちが談笑したり学習したりする形態が、普及してきました。小中学校でも、図書館では静かに一人で勉強する、教室では教卓に向かって机を整列する、という形態から、自由に机を動かし、議論や意見交換や協同学習をするなど、の形態に変わってきました。つまり、アクティブ・ラーニングと呼ばれる形態に移ってきました。大人相手の講演でも、グループで相談して意見交換してください、など受け身だけなく受講生の参加を促す方法や、教員研修の在り方もワークショップ形式が多くなり、つまりアクティブな形式を取り入れるようになったのです。これも、現実社会の影響と言えます。

これまで、講演や教員研修では、大学の講義がモデルになっていましたが、社会の職場のモデルに変わったと言ってもよいのです。職場では、黙って聞くだけでは、仕事が進みません。意見を言わなければ、その人は無能だと思われます。そして、議論をします。しかし、それは全員が合意ということではなく、どこかで意思決定をして、前に進むのですが、一言でいえば、協働、協力、対話、コミュニケーションなど通して、仕事を進めるのです。そのモデルが、講演や研修や、そして学校にも導入されたので、それは、現実社会からの影響だと言えるのです。そのほうが、黙って講義を聞くよりも、より深く理解できる、つまり、「主体的・対話的で深い学び」につながると、新学習指導要領で述べているのです。このように、社会の仕組みが学校へ導入され始めました。

同じ文脈では、学校の施設を社会に提供する仕組みも、定着してきました。体育館を、夕方に市民のスポーツの場として、音楽施設や多目的教室を、市民の文化活動の場として活用する方法も、よく見受けられるようになりました。さらに、大地震や自然災害の避難施設として、学校を利用するようになりました。また、大工さん、郷土料理の名人、お琴の名人など、地域の専門家を学校に招待して、児童生徒に伝えることも、よく見られるようになり、逆に、子どもたちが、職場経験や地域のお祭りなどにも、参加するようになりましたが、このような事例を見ると、学校と社会がお互いにつながりを求め始めたことがよくわかります。

一方、教科教育においては、教科の見方・考え方が、注目されています。教科は、すでに述べたように、学問を背景にしてできたものですが、学問は研究をベースにして構築されているので、ゆるぎない概念や思考法が存在します。その思考法をきちんと子どもたちに伝えることは、教科教育の骨格と言ってもよいのです。思考法や枠組みは、社会に出ても無くならない、生きて働く考え方や知識と言えます。つまり、深く理解することに他なりません。そして、その深い理解を支援する方法として、構造化や可視化が重要になってきました。構造化は、見方・考え方という教科毎の基本的概念を木の幹とすれば、その枝や葉は、その基本的概念に関連付けられる知識や技能などに相当しますが、全体として、木が出来上がります。その構造化が、深い理解には重要なのです。

このように教育課程は、概略的には、教科教育の軸と問題解決の軸があり、そして問題解決は、社会とのつながりが大きく、社会からの要請とでも呼べるような影響が反映されているのです。

社会の変化と学習方法

その社会からの要請は、社会の情報化が急速に進んでいる変化に依存することが大きいのです（テクノロジー・プッシュ）。ICTの波が、学校に大きく覆いかぶさってきました。図3は、マレーシア大学のD.TanがICT環境の影響を模式的に表した図です。

これまでの教育システムは、図3の従来型のように、優れた指導技術を持つ教師が中心的な役割を果たしてきました。どのように新しい知識を伝えるか、どのように質問を引き出すか、など多くの実践がなされてきて、その積み重ねが、教員の指導力を高めてきました。しかし、ICT環境の波は、その仕組みを大きく変え始めたのです。子どもたちが、自由に、勝手に、家庭でも電車の中でも、つまり、「いつでも、どこでも、誰でも」ICT環境にアクセスし始めたのです。その内容は、図1に示したように、役立つ情報もあれば、虚偽の情報もある、いわばカオスのような世界の情報なのですが、その世界に関わり始めたのです。その変化は急速で、SNSのようなサービスを使って、情報の交換をし始めました。その影響については先に述べましたが、この世界が危険だとか有害だとか、簡単には決められないという性質を持っています。ある高校生は、電車の中でスマホから学習サイトに

図3

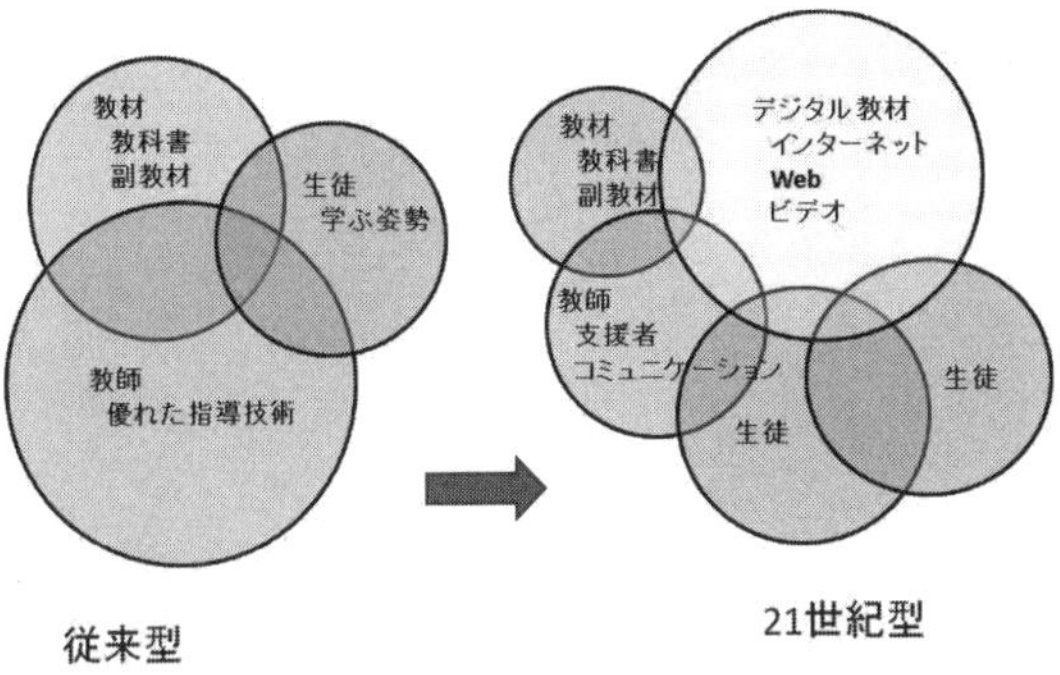

アクセスして勉強し、ある中学生はスマホで短期間に中学3年間で出てくる英単語をすべて習得し、ある高校生は、自宅のパソコンで海外の高校生と議論し始めました。これまでとは、まったく違う光景が生じたのです。しかし、ネットいじめで、不登校になってしまった中学生もいるし、スマホの見過ぎで、不眠症になった子どももいます。つまり、光にもなれば影にもなり、薬にもなれば毒にもなるのです。このようにICT環境は、それ自身には何も価値がなく、どう使うかでプラスにもマイナスにもなるのです。したがって、正しく情報を使うという意味で、情報活用能力の重要性が認識されてきました。

さらに、教師の役割が変化してきました。優れた指導技術で子どもたちを理解させるスタイルから、子どもたち自身が話し合い、自ら進んで情報を取得し、知識を獲得する方向になった時、つまり、主体的で対話的な活動が見られるようになった時、教師は、知識を関連付けたり、構造化したり、探求活動であれば、どの方向がいいのかをアドバイスするような役割に変化してきたのです。知識の関連付けや構造化などは、先に述べたように深い理解に導く方法です。探究活動のアドバイスなどは、大学生の卒業研究の指導と同じで、学生本人が研究を遂行しますが、その方向性、探求の仕方、仮説の立て方、結論への導き方などのアドバイスのように、知のナビゲーターとも呼べるものです。従来型の指導である、わかりやすく説明し、ポイントをついた質問をし、知識を伝える役割が、アドバイザーやナビゲーター、コミュニケーターなどに転換されるのです。

さらに、これからの社会は、人工知能ＡＩ）やビッグデータが大きな社会変化をもたらします。よく言われるように、18世紀末以降の水力や蒸気機関による第1次産業革命、20世紀初頭の電力を用いた第2次産業革命、1970年代初頭からの電子工学や情報技術を用いた第3次産業革命、そして、人工知能やビッグデータの技術革新よる産業構造の変化が、第4次産業革命と呼ばれます。この産業革命が、教育にどのような要請をするのか、どのような人材を必要とするのか、どのような資質・能力を育てればいいのか、まだ混沌としていますが、すでにいつくかの提言が出ています。最後に、これらの提言も参照しながら、これからの社会を生きる子どもたちの学習について、以下述べます。

AI時代を生きる子どもたちの資質・能力

文部科学省は、「Society5.0に向けた人材育成」（2018年6月）の提言を行い、経済産業省は、「未来の教室とEdTech研究会」（2018年6月）の提言を、まるで歩調を合わせるかのように、同じ時期に行いました。私は、オーストラリアのクイーンズランド州の教育省を訪問して、同じような提言書を見ましたが、それだけ、第4次産業革命と呼ばれる社会変化が急速で、その変化に対応する教育が重要だと言う認識に立っていると思われます。これらの提言を参考にしながら、本書で述べてきた内容に基づいて、以下、私なりの提言を述べます。

① 学習内容を、関連づける

第1章で、教科書での知識が、現実社会で生きて働かない、という課題に対してどう対応するかは、2017年告示の新学習指導要領だけではなく、古くから議論されてきましたが、その原因の一つとして、知識が関連づいていないことを述べました。それは、第7章で、臨床医と医学生を比較して、患者さんのカルテから病気を総合判断する研究結果からも、他の研究文献からも、知識が構造化されていないからだ、という結論でした。子どもたちは、個々の知識をばらばらに記憶し、関連づいていないので、全体としての判断や、自分なりの意見や主張ができないことになっていました。レポートを書くこと、そこには、目的、方法、データ、結果、考察などが述べられますが、それらがばらばらであったら、目的と結果が別の方向であったら、読み手は戸惑ってしまいます。現実には、そのような事例は枚挙にいとまがないほど、頻繁に見られます。講演でも、始めと終わりが一致していないと、結局何を聴いたのか、頭に残りません。

それは、文章レベルでも同じです。さらに、教科の学習だけでなく、社会人になっても、同じです。小学生の時から、そのような習慣を身に付ける必要性を感じます。ある国際高等学校の生徒たちからインタビューを受けたことがあります。課題研究があって、高校生でも、論文を書かなければならないからですが、そのために外部の専門家からの意見も参考にして、論文として仕上げると言っていました。これからの教育は、このような知識をつなげていく、自分なりに得た知識を構築していく学習が、重要になると言えます。AI時代でも、いつの時代でも、関連付ける学習は、学習の基本と言えます。

② デザイン能力を、身に付ける

第5章で、プログラミング教育に関して、大学生に、情報の問題と教科の問題を解いてもらって、その相関を求めた結果について、述べました。その結果は、フローチャートのような問題の解答は、数学・理科と相関が高く、顧客のニーズの文章を読んでその要求に応じた画面を設計する問題の解答は、国語・社会と相関が高いことを、示しました。フローチャートを作成する問題は、分析的能力が必要で、顧客のニーズに応じた画面設計の問題には、設計的能力が求められることに、注目してください。

フローチャートは、プログラミングの基礎になりますが、人工知能（AI）が進化すれば、簡単なプログラムは自動的に作成することができるようになるでしょう。現在でも、決まったルーチンのプログラムは提供されていますので、それをどう組み合わせるかが、プログラミングの基本になることを思えば、設計する能力、つまりデザイン能力を身に付けることが、これからの時代には、より重要になるでしょう。プログラミング教育でも、プログラミング（プログラム言語でのコーディング）を道具として、むしろデザインする力を育成することが、必要になると思います。現在の人工知能が、デザインすることは、きわめて難しいからです。デザインでは、創造的な力も求められるからです。

③デバッグを、身に付ける

第5章で触れましたが、小学校からのプログラミング教育が重要になってきました。中でも、プログラムを修正する、改善する、デバッグすることが、これからの時代には、より重要になってきます。私は、総務省のプログラミング教育事業に関わってきましたが、その実践から、以下のような知見を得ました。

どのプロジェクトでも、どの子どもも、プログラミングの体験を通して、「難しいが、面白い、楽しい」

と述べていました。難しい、という言葉に注目してほしいのです。簡単だったから、先生にほめられたから、ほうびをもらえたから、面白い、楽しい、と言っているのではないのです。プログラミングの経験をすれば、すぐわかるように、一度ですぐプログラムが成功することは、ほとんどありません。プログラミング（コーディング）すると、ほとんどがエラーとなって、返ってきます。返ってくるという表現は、人とコンピュータが対話しているイメージを表していますが、この時、相手が人の場合では、怒る場面であっても、相手がコンピュータの場合は、必ず、こちらがミスしていると思うのです。実際に、その通りで、そこで、気が付いて、修正をする（デバッグ）ことになります。国語や算数などのテストでは、正解なら喜び、誤答ならがっかりすることが通例ですが、プログラミングの場合は、誤答のほうが普通なのです。だから、難しいのです。しかし、そこを乗り越える時に、この上なく嬉しい気持ちになります。そうか、そうだったのか、という自分の理解が深まったという気持ちが、面白い、楽しい、という表現になったのです。つまり、失敗に面白さを感じたのです。それは、発見と呼んでもよいのです。考えてみれば、失敗もせず、無難に、成功ばかりの人生はなく、失敗しながら、しかし、なんとか修正しながら、デバッグしながら、人は生きてきたと言えます。そこに、面白さを感じることは、プログラミング教育の優れた特性です。それは、社会に出ても、必要な経験になるでしょう。社会では、試行錯誤で失敗を繰り返しながら、仕事をするからです。

このことは、プログラミング教育に限らず、これからのＡＩ時代を生きる子どもたちに、身に付けてもらいたい能力なのです。

④ 子どもの気付きを、大切にする

第8章で、小学校の社会科のスーパーマーケットについての授業を、述べました。子どもたちは、スーパーマーケットに行って、その特徴をタブレットPCのカメラで撮って発表する授業でしたが、子どもたちの気付きは、素晴らしいものでした。店内の間取りの図、幼児を乗せる台のついた荷車、豊富な種類の豆の量り売りなど、子どもの目から見ると、すべてが新鮮に映るようです。大人は、すべて蓄えられた知識から推測しますので、当たり前で、感動がないのです。アッという気付きがないのですが、子どもたちには、その気付きがあるので、新鮮な驚きがあり、活動が生き生きしていると言えるのです。授業が生きているとは、その子どもたちの気付きや驚きを、教師が汲み取り、取り上げ、対話しながら、作り上げる過程とも言えますが、その時その場で、臨機に対応できる教師は、優れた指導技術を持っているわけで、どこか芸術的な要素（アート）が含まれています。

人工知能（AI）は、膨大なデータを元に、分類したり、推測したりしますが、その基本はデータです。データ・ドリブンという用語は、データ駆動型と訳せますが、データで判断する、データを根拠にする、データで予測する、データで意思決定をする、という意味でよく使われますが、大人の知識量を、量的に膨大に拡張したようなイメージですが、そこが、子どもの気付きと本質的に異なるところです。子どもは、直感的に気付き、発言し、対話し、考え直し、それを教師は、瞬間的に判断しながら、授業を進めていく、高度な意思決定を臨機応変に行う、ドナルド・ショーンが呼ぶところの反省的専門家なので、ＡＩが代用できない職業の一つに、小学校教員が挙げられているのです。

子どもたちの発想の豊かさは、ＡＩの時代には、ますます貴重になり、小学校現場でも家庭教育でも、大切にしていただきたいと思います。

⑤弱さが、生きる力になる

第９章で、現代人の祖先であるホモ・サピエンスが、生き残った理由について、ＮＨＫスペシャルの番組を参照して、述べました。約４万年前に、ネアンデルタール人は滅亡してしまったのですが、ホモ・サピエンスよりも、はるかに体力も頭脳も優れていたにも関わらず、滅びてしまったのは、この強さにありました。逆に言えば、ホモ・サピエンスが、生き残ったのは体も頭脳も、華奢で弱かったからだ、という結論でした。この文化人類学や考古学の発見は、これからの時代を生きる子どもたちにとって、本質的な示唆を与えてくれます。弱いから、仲間と相談した、協力した、相手の言うことを受け入れた、というコミュニケーションができたからだ、と聞けば、納得がいきます。

人は、人無しでは生きていけないという事実です。人が生きていくには、人と接する、それだけでなく、受け入れる、対話する、道具を作る、問題解決する、というように、受け身から、主体的に、協働的に変化していって、全体として生きる力を得ることになったと言えるでしょう。どんな人も、古代でも、現代でも、意見が違うことはあるでしょうが、自分が弱い存在なのだと気が付けば、人を受け入れる、協力する、対話する、協働する、ということが可能になると思われるからです。子どもが、自分に自信がないとき、他人より弱いと思った時、それは成長のチャンスかもしれません。これからは、競争だけでなく協調の時代に移ると思います。ＳＤＧｓについても第9章で述べましたが、今後は、世界が協調しなければ、地球全体が持続できない危険性があるからです。ＡＩ時代は、協力や対話、コミュニケーションが、より重要な時代になると思います。

⑥好奇心を、伸ばす

同じＮＨＫスペシャルで、「人類誕生・未来編 第3集『ついにヒトは海を越えた』」も興味深い番組です。このタイトルのように、ホモ・サピエンスは日本にどうやってきたのか、大陸からどやって大海原を超えてきたのか、舟を作ったとして、どのように作ったのか、舟を作る道具は、どうやって作ったのか、興味は尽きませんが、最大の関心は、何故そのような危険を冒してまで、日本にやってきたのか、という問いです。番組では、それは好奇心だと解説していました。すべてのカギは、人の好奇心にあったのです。

脳には、表面に前頭葉があって思考を受け持つ機能がありますが、大脳辺縁系呼ばれる脳の中心部にあたる部位は、好奇心などの感情を掌る機能を担っていると、言われます。ホモ・サピエンスが、大冒険をしながら、危険を冒しながら、海を渡って日本に来たのは、この大脳辺縁系の働きによると考えられます。人は、誰もが、大脳辺縁系があり、生きる力を持っているとすれば、その一つに好奇心があると言えるでしょう。子どもたちは、多くの事例が示すように、経験的にも知っているように、好奇心の塊のような存在です。

この番組からの示唆は、子どもの好奇心を大切にすることと、言えます。それが、人類の文明を作った、世界が発展していった理由、と考えられるからです。自由に、好奇心を伸ばし、その考えを表現させ、実現させ、失敗してもデバッグさせること、それは、ＡＩにはできないことだからです。

⑦自分という核を、持つ

教育に不易と流行があることは、よく言われますが、社会や時代の変化に対応することは流行で、人間本来の在り方のような理念などは不易になるかもしれません。私は、その不易の一つに、「教育は、教育しないことだ」という命題があると思います。教育は、ずっと教育するのではなく、教育しなくてもいいように教育をしているわけで、教育を否定することが、目的と言えます。しかし、この理念が、最近では崩れ始めているように、思えます。大学生を例にとれば、入学式や卒業式は当然ながら、保護者面談や学校行事など、保護者が熱心で、大学にやってきます。高校生に開放するオープンキャンパスなど、保護者同伴は普通です。まるで、小学生の親のように、大学生に接しているような印象です。これは、大学の学校化・学生の生徒化とも呼ばれますが、すべてが過保護になり、相互依存しあって、親離れ・子離れができていないのです（赤堀侃司「親が知っておきたい学校教育のこと1」ジャムハウス）。

これは、大学生だけの現象ではなく、小中高等学校から大学・大学院、就職面接に親が同伴することがあると聞けば、大人までに見られます。つまり、自律していない、のです。これでは、日本の未来の姿は、輝かしいとは言えなくなります。親も教員も、子どもの言動のすべてに関わり、相手を気遣い、先回りして言葉がけをし、それが子どもにとって、余分な負担になっている場合がありました。それが、友達同士でも見受けられるようになってきました。子どもたちは、気疲れし始めたのです。やがて、親任せ、先生任せ、友達任せのような、けだるさのような雰囲気があるのです。いじめ・不登校の要因にもなっていると思いますが、ここでは言及しません。

子どもたちが自律すること、これは教育の不易の命題です。親からも、友達からも、SNSなどの環境からも、自律する必要があります。特に、日本の文化風土として、相手への思いやり、他との関係において自己を見る、という、反面、日本人の美徳ではありますが、自分という核を持たない面もあるのです。自分という核とは、アイデンティティーと言ってもよいわけで、これから社会が激動する時代においては、ますます重要になってくると思われるのです。思いやりや他への優しさなどは、日本人の最大の美徳ですが、他と関連しながら、かつ自律することが大切で、他に依存することではないことは、言うまでもありません。日本人らしさが、現在は逆に作用して、自分も思いやっているので、他も自分を思いやってほしい、というような、相手も自分と同じでないと居心地が悪いような印象があります。これからの社会は、多様で、複雑で、異文化の人々とも付き合う必要がありますが、そのためには、自律すること、親も教員も、自律を促すような学校教育や家庭教育が求められるのです。それは、これからの社会で求められる資質・能力であることを思えば、不易であり、かつ流行でもあります。ＡＩ時代はグローバル社会です。その社会にあっては、自分の考えを持ち、考えの違う相手を受け止める資質や能力がなければ、生きていけないからです。

本書は、新学習指導要領に対応させながら、ＡＩ時代に求められる資質・能力を、いくつかの実践や研究を参考にして述べたものであり、読者の皆様の参考になれば、幸いです。

索引

A
AI……77
C
Computational Thinking……108
E
EdTech……37
I
ICT環境……218
K
KJ法……147
M
MOOC……71
P
PDCAサイクル……80
S
SDGs……147・186
SSH……25
STEM教育……33
T
TIMSS……14・154
あ
アイデンティティー……173・229
アクティブ・ラーニング……132・216
アドバイザー……150・220
アルゴリズム……89・91・99
暗号解読……87
暗黙知……178
い
生きて働く力……13
生きて働く知識……28・145
因果関係……208
インターネット……44
う
受け入れる……186・194
美しさ……105・201
え
エレガント……105
お
親学問……35
か
科学的……168
学習……93
学習形態……119
学習する環境……129
学生ラウンジ……121
学問……207
価値観……45・171・172・176
学級経営……173
学校……120・206
学校の知識……13
学校の文化……39
環境問題……32

き
規則……207
気付き……225
教育課程……212
教科……36
教科書……16・44・45・49
共通する基盤……191
協働学習……197
協力……185

く
クロスカリキュラム……114

け
経験知……83
計算ソフト……56
現実社会……20
現実世界……24

こ
好奇心……227
高校生全国学力テスト……10
構造化……141
個人単位……209
個別指導……94
コミュニケーション……187・191
コンピュータ……61

さ
サービス……127
サービス・ラーニング……125

し
思考ツール……157
思考の枠組み……172・178
資質・能力……49・221
実践……132
自分という核……228
社会……206
自由……102
状況に埋め込まれた
学習……178
情報活用能力……74・210・214・219
情報機器……54
情報手段……67
情報処理手段……60
情報モラル……214
職場……120
自律……229
人生100年時代……70

す
数学教育……59

せ
正解……206
生活上の知識……12
成績処理……54
正七角形……200
設計者……64
設計能力……113
全国学力学習状況調査……15・174
専門家……39

そ
総合的な学習の時間……41
組織単位……209
た
体系……208
体系化……36
第4次産業革命……220
対話……198
探求……41
探究……214
ち
地域ボランティア……125
チューリング・テスト……85
て
データ……78
適正処遇交互作用……82
テクノロジー・プッシュ……218
デザイン能力……222
デバッグ……101・223
伝統行事……171
と
道具……62・189・211・214
統計……57
に
日常生活……12・23・24・27・63・165
ニューラルネットワーク……89・92
人間の情報処理……65・91
ね
ねらい……151
の
脳……90
能動的な学び……130
は
パソコン研修……66
反転学習……195
ひ
ビデオの映像……19
非認知能力……187
ふ
不易……228
深い学び……155・166・198
複雑な要因……209
不登校……175
振り返り……151
プレゼンス……192
プログラミング教育……68・97
プログラミング的思考……108
プログラム……62・98
プログラム言語……99
文化遺産……48
へ
変な問題の研究……12

ほ

膨大なデータ……91

ポートフォーリオ……81

ま

学びに向かう力……183

み

見える化……145

見方・考え方……113・161・217

ミス……57

め

メンター……126

も

模擬授業……134

モニター……149

問題解決……36

よ

弱い……185・226

り

リテラシー……215

ろ

論理性……35

論理的思考……106・109

著者紹介

赤堀侃司（あかほりかんじ）

東京工業大学大学院修了後、静岡県高等学校教諭、東京学芸大学講師・助教授、東京工業大学助教授・教授、白鷗大学教授・教育学部長を経て、現在、東京工業大学名誉教授、(一社)日本教育情報化振興会会長、(一社)ICT CONNECT 21会長、工学博士など。専門は、教育工学。主な著書は、「タブレットは紙に勝てるのか」(ジャムハウス、2014)、「デジタルで教育は変わるか」(ジャムハウス、2016)、「親が知っておきたい学校教育のこと　1」(ジャムハウス、2017)、「プログラミング教育の考え方とすぐに使える教材集」(ジャムハウス、2018)など。

メールアドレス◆mail@jam-house.co.jp　FAX番号◆03-6277-0581

AI時代を生きる子どもたちの資質・能力

新学習指導要領に対応

2019年3月31日　初版第1刷発行

著者　赤堀侃司

発行人　池田利夫

発行所　株式会社ジャムハウス

〒170-0004　東京都豊島区北大塚 2-3-12

ライオンズマンション大塚角萬 302号室

カバー・本文デザイン　船田久美子(ジャムハウス)

印刷・製本　シナノ書籍印刷株式会社

ISBN 978-4-906768-62-2

定価はカバーに明記してあります。